実践 教育法規

早稲田大学教職大学院教授
田中博之 編著

図解でマスター!

2023
年度版

小学館

図解でマスター！ 実践教育法規 2023 年度版

CONTENTS

最新情報

2023 教育法規・教育行政の最新情報と課題

特別企画

教育法規・教育行政の視点から

図解・図説 現場で役立つ重要テーマ44

教育法規・教育行政の最新事情と課題

「学校教育多難の時代」にこそ、教育法規・法令に基づいた学校マネジメントを！

多難な学校教育の時代

学校には今日、解決すべきさまざまな課題が山積している。子どもを巡る諸課題としては、いじめ、自殺、不登校、多様性、学力向上、アレルギー、ネット依存、性被害、発達障害など、事前予防や解決のために真摯な組織的対応が求められるものは多い。

一方で教職員に関わる諸課題も少なくない。過労死や超過勤務に加えて、麻薬の利用・所持、体罰、性加害、ハラスメントなど教職員としてあってはならない事件が多発している。もちろん後者の事案については、教育法規・法令はもちろんのこと、一般の刑法にふれる犯罪行為である。

さらに、教員評価を巡る不服申し立てへの対応、指導力に課題のある教員への支援、学級担任や学年配置に関わる希望への回答、保護者からの学級担任変更に関する要望への回答など、明確な法規・法令で具体的に示されていない事案の解決に関しても、それまでの前例や教育委員会の見解、他校の取り組み例を参考にしながら、管理職による合理的な判断をもとにした粘り強い解決行動が数限りなく求められている。

しかも、今日ではほぼどの学校にも起きている、学校長による教科担任や学級担任の業務代行が、単に教育職員免許法違反という形式論では済まされず、学校経営という管理職の本来業務の適正な執行を妨げるとともに、管理職の精神的な疲弊につながってきている。まさに、「学校教育多難の時代」である。

定年延長や給特法の改正で十分か？

こうした学校長や教職員に対して過重な負担がかかっている困難な状況を改善し、働きがいを感じられる職場環境の実現を目指す一つの方法として、管理職の定年延長が決まり、さらに、「公立の義務教育諸学校等の教育職員の給与等に関する特別措置法（給特法）」のさらなる改正が議論されている。

しかし、65歳までの順次の定年延長は実際には給与面では再任用と同程度という実態が明らかになり、大きな失望とあきらめにつながってしまっている。また、給特法の改正も実態に見合った大幅な給与改善にはつながらないという嘆きが聞こえている。

したがって、給与体系や定年の不十分な改正は、学校長や教職員の勤労意欲につながらないばかりか、教員採用試験の受験倍率の改善や質の高い教員の採用にも効果を上げないように見える。

３つのＫ（経験と勘と慣習）で学校経営をする危うさ

以上のような学校が抱える多くの課題の解決には、国や地方自治体による抜本的な条件整備と人的補償が不可欠である。たとえば、学級担任手当の新設や管理職手当の改善などは、喫緊の課題であろう。

したがって現状のままでは、学級崩壊どころか学校崩壊、学校教育崩壊といえるような状況が起きかねない。そのことへの強い警鐘は、ここではっきりと明記しておきたい。もはや、学校長や教職員の美しい教育愛と誠実な責任感に過度に依存した学校経営をしてはならない状況になっている。

そうであるからこそなおさらに、学校管理職が学校の諸課題を適正に解決するためには、現実的には不可避であっても、経験と勘と慣習という「３つのＫ」によって学校経営をしていく危うさを、読者の先生方に意識していただき、教育法規・法令に基づいた根拠のある学校マネジメントを執行する基礎力を身に付けていただくことを願っている。

法律の専門家がいない学校での課題解決

学校においては、教育法規・法令に基づいた根拠のある学校マネジメント力の必要性が指摘されることは多いが、実際には教育法規・法令の専門家である弁護士が常駐しているわけでも定期的に巡回してくれるわけでもない。大企業のような顧問弁護士がいる公立学校はない。特に人命や刑法に関わる重大事案についてのみ、教育委員会に申し込んでやっと一般的な解決策が提供されるという状況であり、今後の充実が待たれる。

つまり、学校は、多くの人が集い関わる公共機関であるにもかかわらず、現実的にその管理運営をきめ細かに助言する法律家がいない場所なのである。したがって、学校管理職が法律や法規を学び、その適正な執行と運用の在り方について具体事例をもとにして学ぶ必要がある。

最後は子どもの成長と教職員の働きがいのために

本書は、そうした大きな課題をいくつも抱えたこれからの学校の組織マネジメントの在り方に、最低限必要な法規的知識や教育行政の組織と仕組みを短時間でわかりやすく学べるように工夫を凝らした実用書になっている。

執筆陣にお迎えしたのは、教育法規・行政研究のトップリーダーである研究者や優れた管理職経験者、若手の新進気鋭の研究者という、多士済々の皆さんである。

さらに、編集を担当した筆者の教育工学や教育方法学の専門性を活かして、学校経営に今日では必要不可欠となっているＩＣＴの教育利用に関するトピックスや新しい学習指導要領の趣旨を生かしたカリキュラム・マネジメント、学習指導、学習評価に関わるテーマも取り上げている。

また、学校での最大の教育課題になっているいじめ問題や不登校、子どもの自殺に関わる専門的な解説を充実させるとともに、特別支援教育や子どもたちの多様性を尊重する教育の在り方への指針も示すようにしている。

そうした幅広い視点から学校管理職がもつべき法規・行政に関する基礎教養を本書から学んでいただき、各学校での教育活動が子どもたちの成長と教職員の働きがいの向上のために充実していくことを願っている。

特別企画 1

近年の教育政策提言の動向と課題

政府内教育政策形成過程のさらなる多元化

　政府内の教育政策形成過程は、１９９０年代以降の〝政治主導〟改革の中で、ますます文部科学省の占有領域でなくなった。内閣─内閣府の主導性が強まるとともに他省庁も教育政策に対して積極的に発言するようになった。

　政策形成過程の行動様式から中央省庁を類型化する考え方がある。城山・細野（２００２）は、行動が能動的か受動的か、省庁内の政策決定がトップダウン型かボトムアップ型か、という２つの軸で４つの事象を設定し、中央各省庁を①企画型、②現場型、③査定型、④渉外型に整理している。企画型は、省庁内の政策過程がトップダウン型で原局・課に対して官房系が強いだけでなく、他省庁に対しても積極的に課題を設定していく攻めの姿勢をもち経済産業省等が典型とされる。現場型は、原局・課を含むさまざまな現場が政策過程を主導し、官房系の影響力が大きくない省庁で文部科学省、農林水産省等がそのタイプとされる。査定型は財務省のタイプで、自らが企画立案はしないが査定相手から提供される案を評価・判断する省庁、渉外型は外務省のタイプで、多様な外部との調整を行うため企画立案は受身的で外部からの情報に敏感で状況に応じて行われる。文部科学省の政策過程に対して、査定型・渉外型の他省庁は間接的であるが、企画型の他省庁は直接的に関与していく。

　〝政治主導〟改革で内閣─内閣府の教育政策決定に与える影響は大きくなっているが、企画型官庁の経済産業省の影響力も無視できない。以下、内閣・内閣府、経済産業省、文部科学省の近年の教育政策文書で描かれている学校・教員像の異同を確認し、今後の学校と教員のあり方および改革の方向性を考えてみたい。

中央省庁の政策文書に見る学校像と新たな学校像の模索

　近年、第４次産業革命とかＳｏｃｉｅｔｙ５・０等と称される社会・産業構造の変化に対応する教育・人材育成等の政策文書・答申が各省庁から出されるようになった。内閣府・総合科学技術・イノベーション会議「Ｓｏｃｉｅｔｙ５・０の実現に向けた教育・人材育成に関する政策パッケージ」（２０２２年４月）、産業構造審議会・商務流通情報分科会・教育イノベーション小委員会「中間とりまとめ」（２０２２年９月）、そして、文部科学省の中央教育審議会答申「『令和の日本型学校教育』の構築を目指して」（２０２１年１月26日）等々である。

　右記の政策文書では、多様性、個別最適な学びと協働的学び、デジタル・ＩＣＴ／先端技術の活用、学びと教育資源のオープン化＝学校の相対化（縮小）と多様な外部機関・人材とのネットワーク化、ネットワークの結節点としての学校、教員の役割

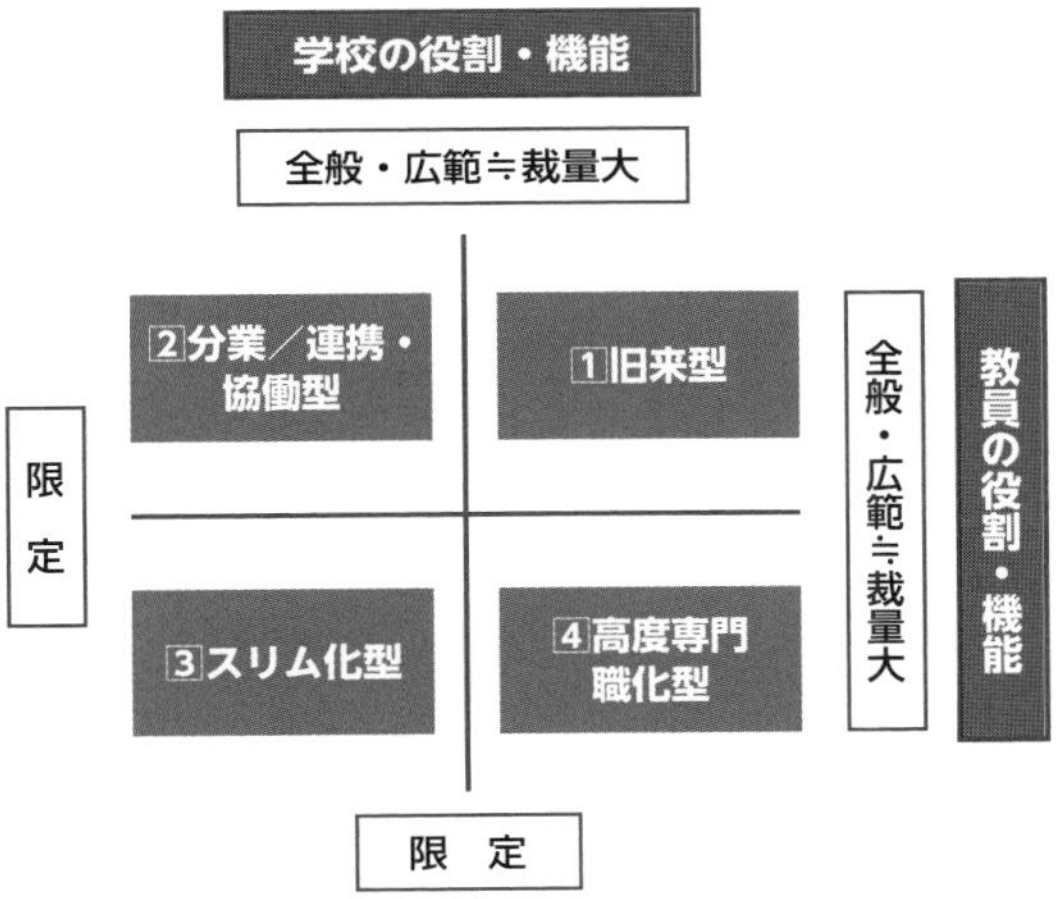

1旧来型：学校の役割・機能は全般的・広範囲の教育領域を包含し、教員は業務遂行に関しては広範囲の発言権・裁量を有する。

2分業／連携・協働型：学校の役割・機能は全般的・広範囲の教育領域を包含するが、それらを教員だけではなく他の専門・支援スタッフで分担しあい連携・協働で担う。教員が従来担ってきた職務・業務を分業化していくため発言権・裁量はその分狭まる（文部科学省・中教審の働き方改革の基本的スタンス）。

3スリム化型：学校の役割・機能を知育のある側面に限定し、他の知育面や他の教育の役割・機能は学校外の組織・人材等に委ねたりネットワーク化で対応したりする。教員の発言権・裁量はその分狭まる（経済産業省の学習環境オープン・イノベーション構想）。

4高度専門職化型：学校の役割・機能を知育とそれに深い関係を有する教育活動に限定し、教員はそれら職務・業務に関し広範囲の発言権・裁量を有する。

変化（指導からコーチ、伴走者、コーディネーター）等々の共通用語が多く使われ、一見、同じ学校・教員の将来像が共有されているかのようにも見える。しかし、内容を詳細に見ると、学校と教員の役割・機能を広範囲に捉えるか、あるいは縮減の方向で見直していくかでベクトルの違いも見えてくる。特に、経済産業省や内閣・審議会の政策文書が、教科学習を軸に個別最適な学びと協働的学びを学校内外の多様な教育ネットワークで構築していくという文脈の中で、学校・教員の役割・機能を相対化、縮小させていく提言をしている。一方、文部科学省・中教審答申は、日本の学校教育の成果と特徴を学習指導のみならず生徒指導の面でも主要な役割を担い、児童生徒の状況を総合的に把握して教員が指導を行うことで子どもたちの知・徳・体を一体で育む「日本型学校教育」と捉えている。その上で、コロナ禍の経験を通し再認識された学校の役割を、①学習機会と学力の保障 ②全人的な発達・成長の保障 ③身体的、精神的な健康の保障（居場所・セーフティ・ネット）と再確認している。それらの違いを少し機械的になるが図式化すれば上図のように整理できる（油布２００７を参考に筆者作成）。

3スリム化型は、旧来の硬い学校制度を相対化しつつ見直しを図っていくとする点で魅力的であるが、教科学習指導と生徒指導、個別最適な学びと協働的学びを関係づける学習環境基盤ともいえる学級（学習集団）づくりを大切にしてきた日本の学校教育の特徴、強みは発展させていく必要がある。「創造的な一斉授業」という言い方があるように、日本の学校での授業は、グループ学習や個別学習といった多様な学習形態との交互転換の中で学習の個別化と学級集団の中での豊かな交流でより深い認識に到達させる授業づくりの努力が続けられてきた（石井他２０２１）。

個別最適な学びと協働的学習、探究的学びは、教員を単なる伴走者やコーディネーターの地位に〝格下げ〟することではなく、一層の入念な「指導」＝学習と「学習環境の設計という形で（直接的な教師の指導以上に）間接的な教師の指導性」が不可欠ともされる（石井２０２２）。日本の学校教育の特徴と強みを新しい時代に見合うように再構築するには、2分業／連携・協働型を志向しつつ教員の高度専門職化を図っていくことが欠かせない。

参考文献　石井英真、他共編著（2021）『流行に踊る日本の教育』（東洋館出版社）／石井英真（2022）「コンピテンシー・ベースの教育改革の課題と展望」（『日本労働研究雑誌』742 号）／城山英明・細野助博（2002）『続・中央省庁の政策形成過程』（中央大学出版部）／油布佐和子（2007）「学校の改革と教師役割の行方」（油布編著『転換期の教師』放送大学教育振興会）

特別企画
2

デジタルトランスフォーメーションが起きる学校

教師の働き方改革に直結する校務のDX化

通常、ＩＣＴ活用や1人1台の情報端末の活用に関する研修といえば「授業から」と考えられてきた。学校や教育委員会等が主催する研修のほとんども「授業」でのＩＣＴ活用である。しかし、ＧＩＧＡスクール構想が始まって2年が経ち、デジタルトランスフォーメーション（ＤＸ）が起きている学校では、授業だけではなく校務が（校務から）ＤＸ化されていることが多い。また、授業から研修に取り組んだ結果、校務が変化していった事例も多い。校務のＤＸは教員の働き方改革にも直結する。

例えば、これまでの職員会議では文章が紙で配布され、議論して修正案が出されても、配布された紙に書き込み、教師一人一人がファイリングしたりする。しかし、会議後に、修正された文章がまた配られる、というようなことが日常茶飯事であった。これではいくら教員の労務管理をしようとも、校務のスピードが上がることはない。デジタル化が少し進み、印刷されずにファイルサーバーへ文章を読み込みにいって閲覧したとしても、教員全員がそれぞれのファイルを見ているため、修正案が出されたとしてもリアルタイムで修正したり、その修正場面を見たりすることがなかった。

しかし、職員会議の文章が汎用のクラウドアプリケーションを活用してクラウド化され、リアルタイムで共同編集によって修正されれば、修正案があったとしてもその時点で修正は終わり、その一瞬一瞬が最新版となり、合意形成がとりやすくなる。会議中もチャットが動いていれば非同期での議論が活発となり、合意形成しやすい。こうした校務ＤＸの取り組みができている学校の先生の負担感と、校務ＤＸ化が進んでいない学校の先生の負担感を比較した場合、雲泥の差であることは想像にたやすい。校務ＤＸの第一歩は、前例を踏襲せず、これまで取り組まれていた業務プロセスを見直すという考え方のもとで、クラウドをいかに活用し、教員が働きやすくできるかどうかを常に点検・検討していくことである。デジタルトランスフォーメーションを起こすためには、増築ではなく、新しい家を基礎から立て替えるというような発想が必要である。

校務がＤＸ化していくときのもう一つの利点としては、毎日の校務がクラウド活用研修になっているという点が挙げられる。時々行われるＩＣＴ活用研修でスキルを身につけることは容易ではない。研修が行われたとしても、「そういうものがあるのか」と少し知る程度しか達成することができないことが多い。しかし、校務は毎日取り組まなければならないため、そのときにクラウドを活用することが前提となっていれば、毎日が研修になる。そのうち、本人すら気がつかないうちにクラウドの良さや特性を理解しながらスキルアップすることが可能となる。

若手教師のクラウドスキルに着目 過度な制限は見直すべき

一方、現在の多くの大学は、ほぼフルクラウドでさまざまな業務や学生への連絡調整が行われている。学習の取り組み方そのものもクラウド化されている。そういった学習環境で育った若手教師はクラウドの活用が当たり前になっている。しかし、いざ教員採用試験に合格し、学校に着任すると、学校現場の紙の多さ、効率の悪さに愕然とする。もちろん初任者教師や若手教師は校務「内容」について素人同然であり、謙虚な姿勢で学ばなければならないことだらけである。しかし、初任者教師や若手教師の持つクラウド感覚やスキル、すなわち「方法」に着目し、うまく人材を活かすことができれば、初任者教師や若手教師の居場所や必要感を持たせることができる上、その能力を教師の働き方改革に十分活かすことも可能だろう。

こうした取り組みが可能な自治体は、GIGAスクール構想の標準仕様にしたがって、クラウドが使いやすいネットワークやセキュリティが設定されている。しかし、セキュリティの考え方が厳しすぎる自治体では、そもそも汎用のクラウドアプリケーションを授業用PC以外で使用することもログインすることもできない。自治体ネットワーク以外からはアクセスも制限されている。便利なチャットが制限されている自治体も多くある。これでは職員室から教師は一歩も出られず、教師一人一人のワークライフに応じて、自分のタイミングやペースで仕事もできない。クラウドを活用して教師一人一人が自分のタイミングやペースで仕事をしたり、学んだりする経験がなければ、児童生徒の個別最適な学びも難しい。すなわち、教員の働き方が一律一斉になのか、一人一人に応じた働き方なのか、その違いによって、授業観の変化も見込めるのではないだろうか。

最後に、下図は、デジタルトランスフォーメーションが起き、中央教育審議会「『令和の日本型学校教育』の構築を目指して〜全ての子供たちの可能性を引き出す、個別最適な学びと、協働的な学びの実現〜（答申）」（中教審第２２８号）において、個別最適な学びと協働的な学びを一体的に取り組んでいくときの、子ども一人一人がクラウドを活用しながら学習の個性化に取り組んでいく段階を示した概念図である（筆者作成）。校務ＤＸは基盤ともいえる。デジタルトランスフォーメーションが起きる学校は、校務でクラウド活用が活発であり、教員が価値や技能を涵養している。教師がクラウド活用に慣れているからこそ、児童生徒へもＤＸが起きていく。そのとき、過度にネットワークの制限がかけられていないことが鍵となる。

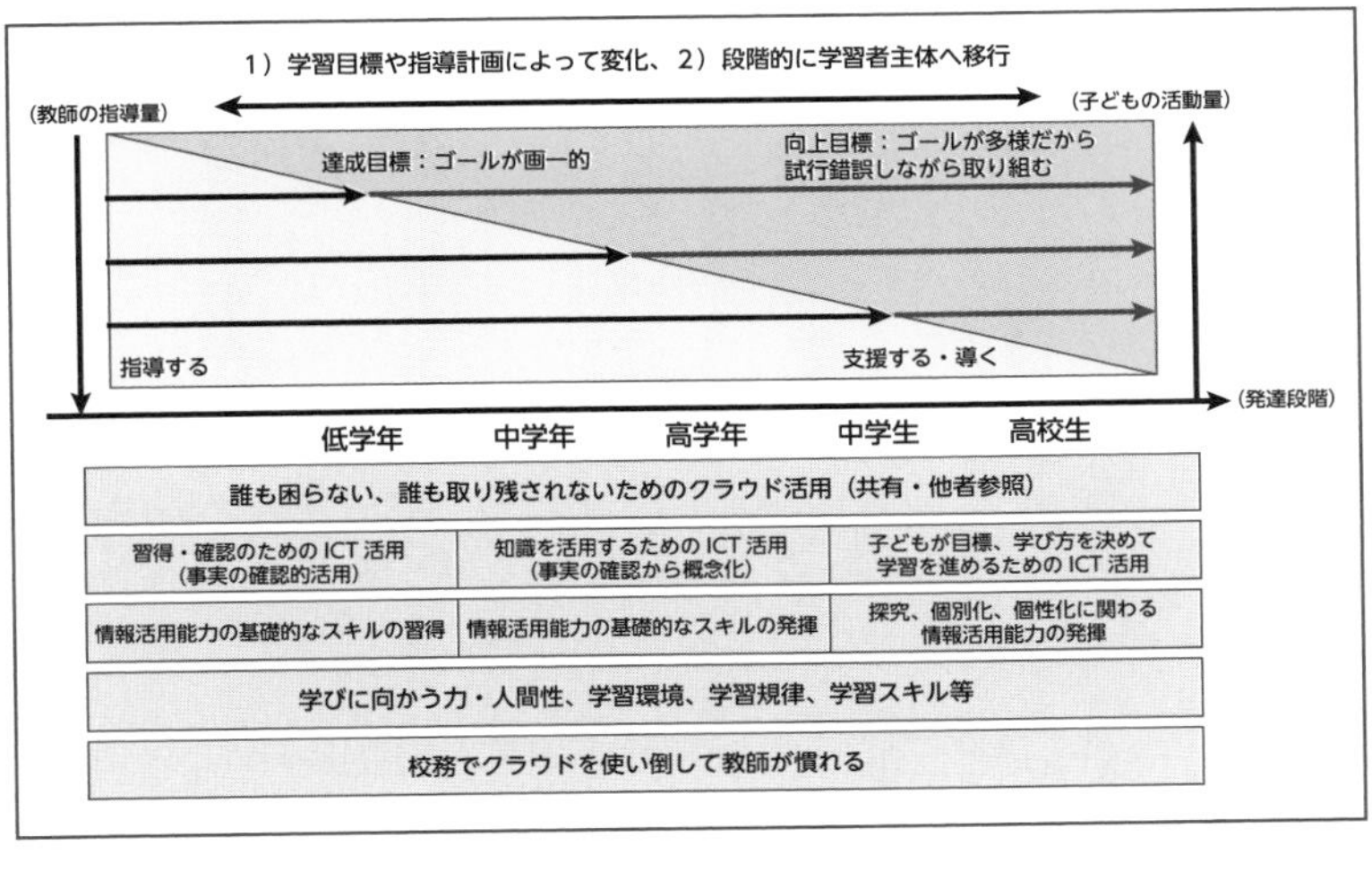

特別企画 3

SDGsを推進する学校教育の在り方

誰一人取り残さない社会の実現を目指す

コロナ禍やウクライナ危機等により世界の教育の危機が深刻化していることから、2022年9月に「国連教育変革サミット（Transforming Education Summit）」が開催された。そこで岸田文雄首相は、SDGsの推進や世界平和のために、人への投資を重視し、人づくり協力を進める「教育チャンピオン」に就任することを宣言した。

SDGsとは「持続可能な開発のための目標（Sustainable Development Goals）」であり、2015年の「持続可能な開発サミット」で採択された2030年を期限とする国際的な開発目標のことである。SDGsは17のゴール、169のターゲット、232の指標によって構成されており、「誰一人取り残さない（no one left behind）」社会の実現を目指し、国際社会全体で取り組むこととされており、政府のみならず社会のあらゆる主体が積極的な役割を果たすことが期待されている。

SDGsの17のゴールを見ると、①貧困をなくそう、②飢餓をゼロに、③すべての人に健康と福祉を、④質の高い教育をみんなに、⑤ジェンダー平等を実現しよう、⑥安全な水とトイレを世界中に、⑦エネルギーをみんなにそしてクリーンに、⑧働きがいも経済成長も、⑨産業と技術革新の基盤をつくろう、⑩人や国の不平等をなくそう、⑪住み続けられるまちづくりを、⑫つくる責任 つかう責任、⑬気候変動に具体的な対策を、⑭海の豊かさを守ろう、⑮陸の豊かさも守ろう、⑯平和と公正をすべての人に、⑰パートナーシップで目標を達成しよう、となっており、社会、経済、環境の3つの側面のバランスがとれた社会を目指すものであることがわかる。

SDGsの中でも位置づけられたESD

SDGs時代に求められている教育の在り方と関連するのはESD（持続可能な開発のための教育：Education for Sustainable Development）である。ESDは、2002年の「持続可能な開発に関する世界首脳会議（ヨハネスブルク・サミット）」で我が国が提唱した考え方であり、同年の第57回国連総会で採択された。ユネスコを主導機関としてESDが国際的に取り組まれてきた。日本ユネスコ国内委員会は、ESDとは「将来にわたって持続可能な社会を構築する担い手を育む教育」であると位置づけており、ESDとは「現代社会のさまざまな課題を自らの問題として捉え、身近なところから取り組むことにより、それらの課題の解決につながる新たな価値観や行動を生み出し、それによって持続可能な社会を創造していくことを目指す学習や活動である」と説明している。

SDGsの目標4「すべての人に包摂的かつ公正な質の高い教育を確保し、生涯教育の機会を促進する」の中のターゲット4・7には「2030年までに、持続可能な開発のための教育及び持続可能なライフスタイル、人権、男女の平等、平和及び非暴力的文化の推進、グローバル・シチズンシップ、文化の多様性と文化の持続可能な開発への貢献の理解の教育を通して、すべての学習者が、持続可能な開発を促進するために必要な知識及び技能を習得できるようにする」とあるように、ESDはSDGsのターゲットの一つとして位置づけられている。それだけでなく、SDGsの17すべての目標の実現に寄与するものであることが第74回国連総会において確認されている。つまり、ESDには持続可能な社会の創り手を育てる役割があり、SDGsを達成するために不可欠である質の高い教育の実現に貢献するものとされている。

2016年の中央教育審議会答申「幼稚園、小学校、中学校、高等学校及び特別支援学校の学習指導要領等の改善及び必要な方策等について」において、「持続可能な開発のための教育（ESD）は、次期学習指導要領改訂の全体において基盤となる理念である」とされ、2017、2018年に改訂された幼稚園教育要領、小・中学校学習指導要領、高等学校学習指導要領において前文と総則で「持続可能な社会の創り手」の育成が掲げられた。

学習活動全体を通してESD推進

ESDは社会、経済、環境の3つの領域についてそれぞれ別に学ぶのではなく、総合的・包括的に学ぶものである。また、ESDは特定の教科や学習活動に依拠するものではなく、教科横断的に学習活動全体を通して推進される。ESDを実践するためには、2017、2018年改訂の学習指導要領に掲げられたカリキュラム・マネジメントについて考えることが必要である。

また、ESD推進へのアプローチは地域や学校の実情に応じて変わってくる。文部科学省の「持続可能な開発のための教育（ESD）推進の手引（令和3年5月改訂版）」には、ESD推進のカリキュラム・デザインについて、3つの階層で組み立てることが示されている。1つ目の階層は、教育目標と学習指導要領が示している資質・能力の3つの柱を照らし合わせ、育てたい具体的な子ども像を描き、「グランドデザイン」を描く階層である。ここでは長期目標と短期目標を設定する。2つ目の階層は、学年ごとに各教科等の年間指導計画を統合し、1枚で年間の教育活動を俯瞰できる「単元配列表」を描く階層である。ここでは単元の序列と教科間の関連性を考えて、3つの資質・能力でつないでいく。3つ目の階層は、一連の問題解決のまとまりである「単元」を描く階層である。単元計画作成においては「発想」「構想」「計画」の3つの段階で考えていく。作成したカリキュラムをもとにESDを実践していくことになるが、その際、ユネスコは学校全体としてESDに取り組む「ホールスクールアプローチ」で進めていくことを提言している。また、学校内だけではなく、学校外の多様な主体（人々や団体・機関）との連携もESDを効果的に推進する上で重要になる。ESDの推進は「社会に開かれた教育課程」の実現にも貢献するものである。

なお、「第3期教育振興基本計画」（2018年6月）において、ユネスコスクールはESDの推進拠点と位置付けられ、文部科学省はその活動に対する支援を行っている。日本国内では1115校（2023年3月時点）がユネスコスクールに加盟している。ユネスコスクールはそれぞれESDの先進的な教育実践を行っている。

特別企画 4

いじめ防止対策推進法と学校の実践課題

生徒指導提要と子どもの権利条約

「生徒指導提要」（文部科学省、2022）が12年ぶりに改訂された。また、2023年4月からは「こども家庭庁」の設置に伴い、「こども基本法」が施行された。いずれにおいても、子どもの権利条約が強調されている。

生徒指導提要では、1994年の批准以降30年を経て、「児童の権利に関する条約」の4つの原則である「差別の禁止、児童の最善の利益、生命・生存・発達に対する権利、意見を表明する権利」について明記されている。その上で、「いじめや暴力行為は、児童生徒の人権を侵害するばかりでなく、進路や心身に重大な影響を及ぼします。教職員は、いじめの深刻化や自殺の防止を目指す上で、児童生徒の命を守るという当たり前の姿勢を貫くことが大切です。また、安全・安心な学校づくりは、生徒指導の基本中の基本であり、同条約の理解は、教職員、児童生徒、保護者、地域の人々等にとって必須だと言えます」と指摘している。

いじめ防止対策推進法といじめの定義

2011年、滋賀県大津市立中学校で起きた自死事案をきっかけに、2013年に「いじめ防止対策推進法」（いじめ防止法と略称）が施行された。いじめ防止法の定義によれば、すべての問題事象は、「児童等が心身の苦痛」を感じたと訴えがあった場合にいじめと認知される。その際、重要なことは次の3つである。1つには、いじめの認知は、個々の教職員の判断ではなく、いじめ対策推進委員会、生徒指導部会等、管理職も含めた学校組織として行う。2つには、適切な初期対応によって、いじめの深刻化や「重大事態」を引き起こさないようにしていく。3つには、そのために認知件数を増やし、つらいと申し出た児童生徒の話を丁寧に聴き、初期対応を行う。

また、依然として「よくあるトラブル、けんかだと思った」といった教職員の捉え方もある。「けんか」に関して、文部科学省のいじめ防止対策会議（2016年）では、「資料1（改）いじめの認知について」において、「一般に『けんか』と捉えられる行為（一定の人的関係のある児童生徒間でなされるもの）は、なんらかの心身の苦痛を生じさせるものが多く、それらは法に基づきいじめと認知される。いじめと認知することを要しない『けんか』は、極めて限定的である」と見解を明示している。

いじめの認知・解消と重大事態への対応

いじめ防止法施行を受けて、文部科学省は、「いじめの防止等のための基本的な方針」（2013、2017年改正、いじめ防止基本方針と略称）と「いじめの重大事態の調査に関するガイドライン」（2017年、重大事態調査ガイドラインと略称）

を定めている。いじめ防止基本方針では「いじめの認知」に係る周辺の第三者への確認について、本人がいじめられていることを否定する場合が多々あることを踏まえて、「いじめられた児童生徒の主観を確認する際に、行為の起こったときのいじめられた児童生徒本人や周辺状況等を客観的に確認することを排除するものではない」と定めている。また、いじめ解消の判断については、「いじめに係る行為が止んでいること」「被害児童生徒が心身の苦痛を感じていないこと」の2点を定め、行為が止んでいる期間は、「少なくとも3か月を目安とする」としている。

また、いじめ防止法第28条1項では、重大事態について、「生命心身財産重大事態」と「不登校重大事態」を定めている。重大事態調査ガイドラインでは、「疑い」がある時点で、重大事態として調査を開始することを定めている。不登校重大事態は、欠席日数が年間30日であることを目安としつつ、「児童生徒が一定期間、連続して欠席しているような場合には、上記目安にもかかわらず、学校の設置者又は学校の判断により、迅速に調査に着手することが必要である」と柔軟な対応を求めている。さらに「児童生徒や保護者からのいじめによる重大な被害の申立て」がなされた場合、「その時点で学校が『いじめの結果ではない』あるいは『重大事態とはいえない』と考えたとしても、重大事態が発生したものとして報告・調査等に当たる」と定めている。

いじめへの初期対応の視点と実践課題

いじめ問題に関しては、未然防止、初期対応、重大事態対応が重要である。初期対応については、次の視点が大切である。本人からつらいといった訴えがあった場合、いじめとして認知して、双方から事実と感情を聴き取り、そのずれを埋めるような指導、支援、ケアを行っていく。いじめとして認知をすることと、双方に「いじめ」と通告することはイコールではない場合もある。例えば、「このままだと大きないじめ問題になってしまう」「あなたはそんなつもりじゃなかったけれど、相手は傷ついている」といった伝え方の工夫をしていく。

次に、いじめへの初期対応に係る実践課題を7点提示しておく。

①子どもの小さな変化を察する姿勢…「なぜ攻撃的なのか」「なぜ元気をなくしているのか」「なぜ登校をしぶっているのか」と子どもの言動の意味を問い合う。

②担任まかせにしない支援ネットワーク…学校としてのケース会議等内に開かれた支援ネットワークと、専門機関との連携等外に開かれた支援ネットワークが重要。

③手分けして事実と感情の聴き取りを…当事者と周辺から事実と感情の聴き取りを行う。双方の主張が100％一致することは少ない。一致点から指導、支援を行う。

④「着火、発火、炎上」の視点…発火（いじめ）時点で気づくことが多いが、着火（トラブル）時点に遡って関係修復を図る。トラブルは時系列に沿って可視化する。

⑤関係修復に関する3つの選択肢…1つには謝罪を受け入れ和解する、2つにはしばらく心理的・物理的に距離をとる、3つには関係を解消する、という選択肢がある。

⑥「構造的ないじめ」という視点…悪意がなくても学級や部活動での1対集団の話し合いは、本人がつらいと感じる「構造的ないじめ」が発生するリスクが高く避ける。

⑦登校しぶり、不登校を軽視しない…学校に行きたくないというサインの背景には、深刻ないじめもあり得る。登校しぶりや不登校という子どものSOSを軽視しない。

特別企画
5

コロナ禍の影響と不登校支援の実践課題

4年目を迎えたコロナ禍と不登校の増加

4年目を迎えているコロナ禍は、子ども、保護者、教職員の生活や人間関係に大きな影響を及ぼしてきた。さまざまな体験の機会が失われ、人がつながって生活していくための潤滑油としてのたわいもない会話や笑い声など、日常生活における交流、共感の場が乏しくなっていった影響は計り知れない。特に、オンライン授業から対面授業が再開されるなかで変化に馴染めずに不登校になっているケースも増えている。「令和3年度児童生徒の問題行動・不登校等生徒指導上の諸課題に関する調査」（文部科学省、2022年）によれば、小中学校における不登校児童生徒は24万4940人（前年比4万8813人増）と大幅に増加している。不登校児童生徒数は9年連続で増加し、約55%の不登校児童生徒が90日以上欠席しているなど、憂慮すべき状況にある。10年前と比較すると小学生は3・6倍、中学生は1・7倍と小学校で急増し、中学校では20人に1人が不登校となっている。

生徒指導提要・教育相談を軸にした支援

「生徒指導提要」（文部科学省、2022年）が12年ぶりに改訂された。これまで、生徒指導と教育相談は別個の教育活動として捉えられていたが、改訂版では、両者を一体的な教育活動として捉え、教育相談を軸にした生徒指導を提唱している。この点は、不登校支援に際しても重要である。すなわち、「教育相談は、生徒指導から独立した教育活動ではなく、生徒指導の一環として位置付けられるものであり、その中心的役割を担うものと言えます」「その意味では、生徒指導における教育相談は、現代の児童生徒の個別性・多様性・複雑性に対応する生徒指導の中心的な教育活動だと言えます」と明記されている。

子どもの権利条約に基づく不登校支援では、子どもを保護養育の対象だけではなく権利の主体として捉えていく子ども観と「子どもの最善の利益」の実現を図っていくことを教育実践や子育ての目的とする指導観への転換・更新が求められている。子どもの最善の利益の実現とは、子どもの幸福（well-being）の実現に他ならない。そのために、子どもの願いを丁寧に聴き、意見表明権や自己決定を尊重する必要がある。

不登校に関する政策転換 ―教育機会確保法―

2016年には、「義務教育の段階における普通教育に相当する教育の機会の確保等に関する法律」が制定された。民間の不登校支援施設や公立の教育支援センター等、学校以外の場での教育機会の確保と財政支援が国や地方自治体の責務とされた。この法律を受けて、2017年に文部科学省は、「義務教育の段階における普通教育に相当する教育の機会の確保等に関する基本指針」を定め、「支援に際しては、登校という結果のみを目標にするのではなく、児童生徒が自らの進路を主体的に捉えて、社会的に自立することを目指す必要がある」と、学校への復帰を前提とするのではなく、「不登校児童生徒の意思を十分に尊重」した支援を定めている。不登校児童生徒にとって、居場所の選択を学校外に広げることと同時に、学校自体が「安心感、充実感が得られる活動の場」となり、「いじめ、暴力行為、体罰等を許さない学校づくり」が求められている。さらに、「不登校児童生徒への支援の在り方について（通知）」（文部科学省、2019年）では、「ICTを活用した学習支援」についても言及している。この点も学校現場における実践課題となっている。

多様化する不登校へのネットワーク支援

不登校の態様については、大きく3つの傾向が錯綜し多様である。1つには、保護者や教員の期待に応えようと頑張り過ぎた結果「息切れしている不登校」である。不登校が、保護者に充電を求めるSOSであると同時に、自立宣言としての意味をもつこともある。2つには、虐待問題等を伴い「意欲が枯渇している不登校」である。休ませるだけでは回復は期待できない。早期にスクールソーシャルワーカー等と連携し、学校と福祉機関等が協働して家庭環境の改善を図る必要がある。3つには、問題行動を伴い「学校や家庭に居場所が乏しい不登校」である。学校には頭髪・服装などで排除しないで学習権を尊重しながら、生活や行動の改善を促す支援が求められる。

2017年の教育相談等に関する調査研究協力者会議による報告「児童生徒の教育相談の充実について」では、教育相談コーディネーターの配置、ケース会議の開催、教育相談体制の構築が提言されている。

子どもと保護者に寄り添った不登校支援

【回復段階に応じた支援を】

登校しぶりや遅刻、早退等がみられる前兆期。不登校となり、子どもも保護者も不安定になりパニックになる混乱期。保護者も不登校を受け入れ、家庭で落ち着いてくる安定期。充電ができて気持ちが外に向き、少しずつ動きがみられる転換期。登校を始めたり、やりたいことに向かって動き始める回復期がある。回復段階に応じた支援が求められている。家庭訪問等については、子どもや保護者に意向を尋ねること。

【家庭で元気を回復することの大切さ】

登校はできていなくても、家庭で受け入れられ元気を回復していくプロセスが重要。いちばん関心があり、大切にしていることを尊重していく。家族の一員としてまるごと大切にされることで、孤独な不登校から脱却しエネルギーが充電されていく。

【いじめ等が原因の不登校への支援】

学校はいじめられた側を守る姿勢に立って、双方から「事実と感情」を聴き取り関係修復を図る。その際、「謝罪を受け入れ和解する」「しばらく心理的・物理的に距離をとる」「関係を解消する」の3つのなかから、いじめられた側の選択を尊重し取り組み方針を決める。

【配慮、支援を受ける側から支援する側に】

支援を受けた子どもは、誰かの役に立ちたいという願いをもっている。家庭で元気を回復してきた頃に、小さなことでも家族のために役に立つことを依頼したり、誰かのためにできそうなことについて、本人に問いかけたりすることも大切である。

特別企画 6

児童虐待防止法改正による児相と学校の連携

２０１９年に児童虐待防止法が改正

児童虐待の防止等に関する法律（以下、児童虐待防止法）は２０００年に施行された法律である。同法では「児童」は18歳未満の者を指しており、児童虐待の行為類型は、「身体的虐待」「性的虐待」「ネグレクト」「心理的虐待」の４つが第２条に規定されている。

児童虐待防止法は、対策強化を図るために２０１９年に改正され、２０２０年４月から施行されている。同法第5条1項では、「学校……及び学校の教職員……は、児童虐待を発見しやすい立場にあることを自覚し、児童虐待の早期発見に努めなければならない」と規定されている。その上で、２０１９年の改正では、第5条3項で「第一項に規定する者は、正当な理由がなく、その職務に関して知り得た児童虐待を受けたと思われる児童に関する秘密を漏らしてはならない」と新たに規定され、守秘義務規定が定められた。この規定は、児童相談所などへの児童虐待の通告義務の遵守を妨げるものではないことに留意する必要がある。

児童相談所と学校の連携を強化

２０２１年度の児童相談所での児童虐待相談対応件数（速報値）は、21万７６５９件であり、過去最多であった（厚生労働省「令和４年度全国児童福祉主管課長・児童相談所長会議資料」）。こうした中で、児童虐待対応における児童相談所と学校の連携の重要性が高まっている。文部科学省の「学校・教育委員会等向け虐待対応の手引き」（２０２０年６月改訂版）によれば、児童虐待対応における児童相談所の役割については、「児童虐待通告や学校等の関係機関からの情報提供を受け、子供と家族の状況の把握、対応方針の検討を行った上で、一時保護の実施や保護者への指導、来所によるカウンセリング、家庭訪問による相談助言、里親委託、児童福祉施設への入所措置など必要な支援・援助を行う」と明記されている。

こうした児童相談所の役割を踏まえた上で、学校には児童相談所との連携が求められている。学校に求められる主な役割については、まず、児童虐待防止法第５条１項で児童虐待の早期発見に努める努力義務が課されている。その上で、同法第6条1項では、「児童虐待を受けたと思われる児童を発見した者は、速やかに、これを市町村、都道府県の設置する福祉事務所若しくは児童相談所又は児童委員を介して市町村、都道府県の設置する福祉事務所若しくは児童相談所に通告しなければならない」と規定されており、学校に対しては児童虐待の通告義務が課されている。学校からの通告は虐待の事実確認は必要なく、「児童虐待を受けたと思われる児童」を発見した場合に通告義務が生じる。また、児童虐待防止法の２００４年改正によって、市区町村も虐待通告の通告先となり、現在は市区町村と児童相談所が二層構造で対応する仕組みとなっているため、虐待を受けたと思われる児童を発見した場合、学校は市区町村（虐待対応担当課）や児童相談所に通告することが求められている。

要保護児童対策地域協議会の対応

また、児童虐待防止法第13条の4では、児童相談所や市区町村（虐待対応担当課）から虐待に係る児童、保護者、その他関係者に関する資料または情報の提供を求められた場合、学校は必要な範囲で提供することができると規定されている。

その上で、多くの市区町村では、児童福祉法第25条の2第1項に基づき、要保護児童対策地域協議会（以下、要対協）が設置されている。要対協の役割は、要保護児童の「早期発見や適切な保護を図るため、関係機関がその子供等に関する情報や考え方を共有し、適切な連携・協力を確保する」ことである（文部科学省「学校・教育委員会等向け虐待対応の手引き」（2020年6月改訂版））。学校については、児童福祉法第25条の3第1項の規定に基づき、要対協から資料または情報の提供、意見の開陳その他必要な協力を求められた場合、求めに応じるように努める努力義務がある。要対協には進行管理台帳というものがあり、この台帳に幼児児童生徒が虐待ケースとして登録された場合、または児童相談所が必要と認める幼児児童生徒の場合、市区町村や児童相談所からの求めに応じ、おおむね1か月に1回程度、幼児児童生徒の出欠状況、家庭からの連絡の有無、欠席の理由などについて書面で情報提供をする必要がある。さらに、対象となる幼児児童生徒については、保護者などから説明を受けていたとしても、引き続き7日以上欠席した場合（不登校や入院の例外あり）には、速やかに市区町村の虐待対応担当課や児童相談所に情報提供をする必要がある。

チーム学校の考え方が重要に

児童相談所によって一時保護されている子どもへの対応については、2015年7月の文部科学省の通知では、一定の基準を満たした上で子どもが一時保護所で学習を行っている場合、指導要録上で出席扱いとすることができるとされている。また、学習ができていない場合は、「出席停止・忌引等」として扱うことが適当とされている。

厚生労働省のデータによれば、2021年度に児童相談所に寄せられた虐待相談の相談経路については、「警察等」「近隣・知人」「家族・親戚」「学校」からが多く、「学校」と「幼稚園」を合わせると、件数は1万4496件であり、全体の7％を占めた（厚生労働省「令和4年度全国児童福祉主管課長・児童相談所長会議資料」）。関係機関である学校の役割が大きいことがわかるため、児童虐待対応においても、チームとしての学校の考え方を推進することが重要である。

最後に、2022年6月に児童福祉法が改正された。児童相談所と学校の連携に特に関連する内容としては、改正法では、児童相談所が一時保護を行うときは、保護者が同意しないなどの場合に、その必要があると認められる資料を添えて、管内の裁判所の裁判官に一時保護状を請求することが求められている。この内容は、児童相談所が一時保護を開始する際に司法審査を導入するということであり、2025年6月までに施行予定となっている。施行後は児童相談所が一時保護状を請求する際に、学校に情報提供などの協力を求めた場合、学校は応じる努力義務が課せられる。

特別企画
7

少年法改正に伴う学校運営の諸課題

2022年4月に改正少年法施行

少年法は少年の犯罪・非行（問題行動）を規律する法律であり、成人の犯罪に刑罰を科す刑法や刑事訴訟法の特則となっている法律である（廣瀬健二『少年法入門』岩波新書）。少年法は2020年10月の法制審議会の答申を受けて、2021年5月に改正され、2022年4月に施行された。

18、19歳を特定少年と位置づけ

2021年改正では少年法の適用年齢は20歳未満に維持された。その上で、2021年改正の主な内容について、学校運営に特に関連する4つのことを取り上げると、1点目は18歳および19歳の者については、「特定少年」と位置づけられ、18歳未満とも20歳以上とも異なる取り扱いがなされることである（第62条1項）。

2点目は、特定少年については、少年法第3条1項に規定されている、ぐ犯が適用されなくなったことである（第65条1項）。

3点目は、改正少年法第5章（第62条～第68条）では「特定少年の特例」が規定されている。その中で第67条には「刑事事件の特例」が規定されており、同条は1項から7項まである。同条6項では、第60条の資格制限を緩和する特則は、特定少年のとき犯した罪により刑に処せられた者には適用されないという旨が規定された。特定少年が罪を犯し、刑に処せられた場合、第60条の特則が適用されないため、資格の取得等を制限するさまざまな法律の規定の適用が緩和されず、刑を受けた成人と同様の制限を受けることになった。

4点目は、少年法では少年の氏名、年齢、職業、住居、容ぼうなどによって本人を推知できるような記事・写真等の報道が禁止されているものの、特定少年については家庭裁判所を経て、検察官に送致され、起訴された場合は、略式手続きの場合を除き、推知報道の禁止の対象ではなくなったことである（第68条）。

4点目と併せて考える必要があることは、今回の改正で特定少年については、原則検察官送致の対象となる事件が拡大したことである（18歳以上の少年のとき犯した死刑、無期または短期（法定刑の下限）1年以上の懲役・禁錮に当たる罪の事件が追加された）。

法改正により生じる新たな課題と学校に求められる対応

今回の改正が大きく影響を与えるのは、高校教育段階の学校であるため、高校教育段階を中心とする学校運営の諸課題について検討する。

まず、特定少年という「区分」ができたことで、高校教育段階の生徒については、18歳の生徒は特定少年として少年法上扱われることになるため、同じ高校3年生であったとしても、18歳の生徒と17歳の生徒では少年法上の扱いに違いが出てくるということである。

その上で、特定少年となる18歳の生徒には、ぐ犯が適用されない。このことは、仮に18歳の生徒が正当な理由のない家出、暴力団などとの交際、売春行為などの将来罪を犯すおそれのある行為をしたとしても、少年法の保護の対象とはならないということである。ただし、任意ではあるものの、不良行為少年を対象とする警察の補導・支援の対象には今後もなり得る。少年非行は、将来罪を犯すおそれのある行為の段階で対応がなされることが重要であり、学校と警察の連携の重要性がさらに高まっていくと考えられる。

次に、少年法第60条の資格制限を緩和する特則が特定少年には適用されないことについては、高校在学中の18歳の生徒が特定少年になってからの犯罪で刑に処せられた場合、卒業後の進路に制限が生じる可能性が出てくる。

例えば、18歳の生徒が特定少年になってからの犯罪で執行猶予中の場合、公務員等の欠格事由に当たることになる。少年の更生を進めていくためには、社会参加が重要であるものの、少年法による資格制限緩和の特則が適用されなくなったことで、進路指導に新たな課題が生じる可能性が出てくるだろう。

その次に、特定少年が起訴された後の推知報道については、18歳の生徒が起訴された場合、実名報道がなされる可能性が出てくる。その中には学校名が報道されることもあるだろう。改正少年法についても、引き続き少年の健全育成を目的としているものの、起訴後の推知報道がなされることで、特定少年の更生が以前よりも難しくなる可能性がある。

2022年4月以降の特定少年の実名報道の動向については、同年4月8日に甲府地方検察庁が殺人などの罪で19歳の特定少年（2021年10月の事件当時も19歳）を起訴し、氏名を公表した。検察が特定少年の氏名を公表した初めてのケースであった。このことを受けて、多くの報道機関は実名で報道した。その一方で、少年法の改正の際には、衆議院および参議院の法務委員会において附帯決議が採択された。附帯決議は法律を拘束するものではないものの、附帯決議では「いわゆる推知報道の禁止が一部解除されたことが、特定少年の健全育成及び更生の妨げとならないよう十分配慮されなければならないことの周知に努めること」を、政府に対して要求した。現在の特定少年の実名報道は、まずは検察が起訴後の特定少年の氏名を公表するか否かを決めている。氏名公表の検討対象は犯罪が重大で、地域社会に与える影響も深刻であるような事案であり、典型例として裁判員裁判対象事件とされている（こうした事案以外にも、社会の要請が高い場合などに検討対象となり得る）。その上で、検察が公表した場合は、報道機関が実名報道をするかを個別に判断し決めているため、実態としては検察が公表するか否かが大きなポイントとなっていると言える。

改正少年法の下では、18歳の生徒が少年事件を起こした場合、以前よりも厳しい処分がなされるため、学校では教員が難しい対応を迫られ、生徒にとっても、更生が以前よりも難しくなるかもしれない。

少年事件においては、学校を含めた、処分決定後の受け入れ環境が整えられることが重要であるため、特定少年の健全育成を図っていくためには、学校の役割がより一層重要になる。

その上で、学校レベルでできることには限界があるため、少年の非行予防および更生につながる国レベルの政策的対応の充実が求められる。

特別企画
8

子どもの教育福祉と最善の利益の実現

子どもの貧困をめぐる状況と関連課題

子どもの貧困問題は、1990年代のバブル経済崩壊以降の長期不況、非正規雇用層の増加等によって、世帯の「相対的貧困率」が上昇するなかで着目されるようになってきた。内閣府「令和4年版子供・若者白書」(2022年)によれば、子どもの貧困率は13・5%(7人に1人)であり、具体的には、2人世帯であれば年間世帯収入が約200万円以下、3人世帯であれば約250万円以下といった状況にあるとされる。世帯類型別では、世帯の相対的貧困率は15・4%であるが、一人親世帯の相対的貧困率は48・1%と高い。

また、厚生労働省「令和3年度の児童相談所での児童虐待相談対応件数」(2022年)によれば、虐待相談対応件数は20万7659件と増加し続けている。こうした社会構造の問題は、加速される少子化、いじめや不登校・ひきこもりの増加、日本の子どもの幸福度の低さ、子育てにおける親の負担感、孤立感の深まりといった課題としても存在している。

こども家庭庁とこども基本法

このような子どもをめぐる諸課題に取り組み、子どもの最善の利益の実現を図るために、2023年4月1日に「こども家庭庁」が発足し、同時に「こども基本法」が施行された。こども家庭庁については、名称変更の経緯、財源確保の不透明さ、縦割りの関連省庁への「勧告」という権限の脆弱さ等課題は多い。しかし、子どもの権利条約の批准から約30年を経て、子どもの最善の利益の実現を図るために、体制が強化された意義は大きい。

こども基本法の目的については、第1条で、「この法律は、日本国憲法及び児童の権利に関する条約の精神にのっとり」と明記され、「将来にわたって幸福な生活を送ることができる社会の実現を目指して、社会全体としてこども施策に取り組むことができるよう、こども施策に関し、基本理念を定め、国の責務等を明らかにし」として、国がこども施策を総合的に推進することが目的とされている。

子どもの貧困・格差と教育福祉政策

子どもの貧困・格差には、経済的な問題にとどまらず、心身の発達・健康における格差、教育を受ける機会・学力の格差、出会う人間関係・体験の格差、意欲・自己肯定感といった非認知能力の格差等がある。例えば、厚生労働省の調査研究事業「ヤングケアラーの実態に関する調査研究報告書」(2021年)では、世話をしている家族が「いる」と回答した子どもは、中学2年生で5・7%、全日制高校2年生で4・1%という結果が出ている。

地域では、児童福祉法と厚生労働省の「要保護児童対策地域協議会設置・運営指針」（２００９年）に基づき、「要保護児童対策地域協議会」が設置されてきた。児童福祉関係、保健医療関係、教育関係、警察・司法関係、人権擁護関係、ＮＰＯ・民間関係等から組織され、守秘義務のもと情報を共有し、支援が検討されている。対象は児童福祉法第6条の3により、虐待を受けた子どもに限らず非行児童等も含まれる。

　また、学校における教育支援については、内閣府の子供の貧困対策に関する有識者会議の報告「今後の子供の貧困対策の在り方について」（２０１９年）が出されている。そのなかで、「スクールソーシャルワーカーが機能する体制づくりを始めとした、地域に開かれた学校プラットフォーム」について提言されている。文部科学省も、「学校をプラットフォームとした総合的な子供の貧困対策の推進」事業を展開してきた。また、２０１７年には、学校教育法施行規則改正によって、スクールソーシャルワーカー（ＳＳＷ）は学校のスタッフとして位置づけられた。

チーム学校とＳＳＷ等との連携・協働

すべての子どもは、かけがえのないいのちと幸せになる権利をもって誕生している。しかし、子どもの貧困の背景には、経済的貧困・母子世帯、貧困の世代間連鎖、高校卒業未満、10代の出産、ＤＶ被害、親の精神疾患、虐待・不適切な養育等が複合的に混在している。これらの社会的課題は、担任一人の対応では困難であり、学校による支援にも限界があり「チーム学校」と「多職種連携」が提言されてきた。これは、一人のリーダーに依拠することではなく、丸投げ・丸受けでバトンタッチすることでもない。専門スタッフの力量を生かしながら子どもへの指導、支援、ケアをチームとして的確に行っていくことである。

【包括的なアセスメントとプランニング】

　ソーシャルワーク理論に基づき具体的な課題に対して、ミクロ（個への発達理解と支援、集団への働きかけ）、メゾ（学校としての組織体制、保護者会との連携）、マクロ（社会構造のなかで捉える、地域・社会への働きかけ）等の視点から捉えていく必要がある。この視点から問題事象への包括的アセスメントとプランニングが可能になっていく。アセスメントに際しては、児童虐待や発達障害に関する知見は不可欠であり、ＳＳＷ等による研修も有効である。

【ケース会議】

　ケース会議には、学校内外の関係者がチームとして参画し、第一には、子どもの発達、環境、人間関係への理解等に基づき、強みと課題を明らかにし、第二には、短期（今すぐ）、中期（在籍中）、長期（卒業後、将来）の視点をもちながら、支援目標、支援計画、役割分担をしていく。その際の留意点について指摘しておく。①問題解決を志向する。②一番困っている人をまず救う。③キーパーソンを探す。④援助資源（リソース）を探す。⑤ミニ・チーム会議を日常的に開く。

【チーム支援体制】

　ＳＳＷには、学校のチーム支援体制構築への支援が求められている。ＳＳＷのガイドラインでも、ソーシャルワーク理論に基づいたチーム体制の構築、ケース会議の開催、組織対応ができる校内体制づくりへの支援が明記されている。そのためには、①学校内外の関係者が、お互いに顔でつながっていく。②お互いへの敬意をもち専門性を引き出し合う姿勢をもつ。③管理職は、関係者の主体性と協働性を生かすために組織のなかでリーダーシップを発揮していくことが重要である。

特別企画 9

子どもの自殺をどう防ぐか ーコロナ禍と子どもの生活ー

コロナ禍の影響と子どもの自殺

日本赤十字社は、「新型コロナウイルスの3つの顔を知ろう！」（2020年）のなかで、「病気、不安、差別」という新たな課題を指摘している。非正規雇用層の増加と貧困・格差といった社会問題が、コロナ禍のなかでより顕在化し、若年層や女性等、社会的弱者の自殺者が増加傾向にある。日本の若者（15歳～39歳）の死因の1位は自殺であり、国際的にも例をみない。

警察庁の自殺統計に基づく厚生労働省（2023年）のまとめによると、2022年の自殺者総数は2万1881人であり、コロナ禍のもとで874人の増加となった。小中高生の自殺者は、統計を取り始めた1980年以降で最も多く、初めて500人を超えた。内訳は、小学生17人、中学生143人、高校生354人、計514人であった。文部科学省「児童生徒の自殺対策について」（2022年）によれば、児童生徒の自殺の原因、動機を多い順にみると、①進路に関する悩み、②学業不振、③親子関係の不和、④病気の悩み・影響（その他の精神疾患）、⑤病気の悩み・影響（うつ病）となっている。

こうした状況の背景としては、次の点を挙げることができる。1つには、コロナ禍によって、友人や教職員との人間関係、コミュニケーションが寸断されてきたこと。2つには、逆にSNS等のネット上の出会いや関わりが広がるなかで、見えにくいトラブルの増加や孤立も進行していること。3つには、虐待、DV、不安定就労等のリスクを抱えた家庭におけるトラブルや進路選択の閉塞感が深刻化していること。4つには、自傷行為、薬の過剰摂取、精神疾患等に対するスクールカウンセラー、医療機関等との連携が不十分であること。

自殺対策基本法と政策動向

自殺対策基本法（2006年公布、2016年改正）は、目的として「誰も自殺に追い込まれることのない社会の実現を目指して、これに対処していくことが重要な課題となっていること」を強調している。文部科学省は、「教師が知っておきたい子どもの自殺予防」（2009年）、「子どもの自殺が起きたときの緊急対応の手引き」（2010年）、「子供に伝えたい自殺予防ー学校における自殺予防教育導入の手引ー」（2014年）、「令和3年度 児童生徒の自殺予防に関する調査研究協力者会議審議のまとめ」（2021年）等の提言を行ってきた。自殺のサインと対応、ハイリスクな子どもへの対応、自殺予防の体制・連携、自殺が起きたときの危機対応、自殺予防教育等について提言がなされている。

自殺念慮の心と自殺予防教育

まず、自殺念慮をもつ子どもの心を理解し寄り添うことが大切である。寄り添うとは、子どもの生活、感情、願いをまるごと受けとめようとする対話的、共感的な姿勢と関わりである。これができる大人や友人は、ゲートキーパーになり得る。この間、参画してきた「宝塚市いじめ問題再調査委員会調査報告書（概要版）」（２０２０年）における関連内容を紹介しておく。

【自殺に追い詰められる心理】

思春期の子どもたちは、周りにSOSを出さずに、悩みだしてから自殺までの時間は、大人よりも短いことが多く、周りには「突然」に見えることもある。

①ひどい孤立感：「居場所がない」「自分が生きていても皆に迷惑をかけるだけだ」と思い込む。②無価値感：「私なんかいない方がいい」「生きていても仕方がない」といった考えにとらわれる。③強い怒り：やり場のない気持ちを他者への怒りとして表す。その怒りが自分自身に向くとき、自傷や自殺の危険は高まる。④苦しみが永遠に続くという思い込み：自分が抱えている苦しみは、永遠に続くと思い込み絶望的になる。⑤心理的視野狭窄：自殺以外の解決方法が全く思い浮かばなくなり、「死ねば楽になる」「死ぬしかない」と思い込む。

【自殺の危険因子】

次の要因が多く認められる子どもは、自殺の危険が高いといわれる。①自殺未遂：深刻な自殺未遂だけでなく、薬を余分に服用したり（オーバードース）、手首自傷（リストカット）をしたりする。②心の病：うつ病、統合失調症、パーソナリティ障害、薬物乱用、摂食障害等が自殺の危険の背後に潜んでいる。③安心感のもてない家庭環境：虐待、親の養育態度の歪み、頻繁な転居、兄弟姉妹間の葛藤といった不安な家庭環境がある。④独特の性格傾向：自殺の危険が高まる性格として、未熟・依存的、衝動的、極端な完全癖、抑うつ的、反社会的傾向等がある。⑤喪失体験：離別、死別、失恋、病気、けが、急激な学力低下、予想外の失敗等、かけがえのない大切な人や物や価値を失う。⑥孤立感：子どもの人間関係は、家庭と学校が中心であり、いじめ等が起きると大きな孤立感となる。⑦安全や健康を守れない傾向：問題のなかった子どもが事故や怪我を繰り返す場合、「無意識的な自己破壊」の可能性もある。

【自殺直前のサイン】

自殺の危険因子が多く見られる子どもに、普段と違った行動の変化が現れた場合には、自殺直前のサインとして捉える。自堕落に見える行動や反抗的な言動が、SOSであることもあり、関係を切らない、見捨てないという姿勢が重要である。

【SOS（援助希求）の力をつける】

追い詰められた心理状態で、SOSを発することは非常に勇気がいる。諦めや無力感から口に出せない子どもも少なくない。心が元気なときに、SOSを出すことの意味やその方法を練習して身につけるプログラムが必要である。子どものSOSを上手に受けとめる大人側の聴く力も重要である。

【叱責したり批判したりはタブー】

子どもが自傷や「死にたい」という気持ちを打ち明けたとき、大人が動揺して「死んではいけない」と叱責したり、強引に説得することは逆効果である。正直に「死にたい」と告白してくれたことを評価することが大切。真剣に向き合い、支援を約束する姿勢が伝わることが重要である。

【安易な慰めや前向きな助言も響かない】

うつ病の患者に「頑張れ」はタブーである。同様に、死を考えている子どもには、前向きな励ましや助言は届かない。「死にたい」と言われて冷静に聴ける人は少ないが、相手の言い分を否定せず、しっかり耳を傾けること。自分には重すぎるときは、信頼できる大人やスクールカウンセラー等の専門家につなげることが重要である。

特別企画 10

学校教育法における体罰の禁止と現状

明治時代の教育令から体罰禁止を明確に規定

学校教育法は、「校長及び教員は、教育上必要があると認めるときは、文部科学大臣の定めるところにより、児童、生徒及び学生に懲戒を加えることができる」と規定し、校長、教員に対し懲戒権を付与している（第11条）。その一方で、「ただし、体罰を加えることはできない」と定め、懲戒としての体罰を明確に禁止している（第11条ただし書）。いわゆる体罰禁止規定である。

日本において体罰が法令により禁止されたのは、教育令の中に「凡学校ニ於テハ生徒ニ体罰（殴チ或ハ縛スルノ類）ヲ加フヘカラス」という規定が設けられたのが最初である（第46条）。この規定が、1900年の改正小学校令等を経て、1947年に制定された学校教育法へと受け継がれ、現在に至っている。

文科省が体罰の絶対禁止を宣言

しかし、学校教育法が禁止する「体罰」が何を意味するかについては、法令上明文の規定は存在しない。そのため、体罰と区別される「厳格な指導」、すなわち「許される体罰」が存在するのではないかという考え方が、学校現場において一定の地歩を築いてきたことは周知の事実である。

特に、校内暴力という言葉が一般化した1980年代は、「許される体罰」論が有力に主張された。その主柱になったのが水戸五中体罰事件判決である（東京高裁判決昭和56年4月1日）。男子生徒の頭部を殴打した女性教員が暴行罪で起訴された事件において、判決は、「教師が生徒を励ましたり、注意したりするときに肩や背中などを軽くたたく程度の身体的接触（スキンシップ）」と本件指導（体罰）の連続性を強調する。そして、教員の行為が有形力の行使として、形式上は暴行罪の構成要件を満たすとしつつ、すべての有形力の行使が暴行罪として処罰の対象となるわけではない等とし、無罪判決を言い渡した。

以後、「許される体罰」論は、児童の権利に関する条約に象徴される子どもの権利ブームの台頭を受け一時期沈静化するものの、「新しい荒れ」等への対応として、折に触れて息を吹き返すことになる。この点を指して、ある判決は、「教育の手段として体罰を加えることが一概に悪いとはいえないとか、あるいは、体罰を加えるからにはよほどの事情があったはずだというような積極、消極の体罰擁護論が、いわば国民の『本音』として聞かれることは憂うべきことである」と批判している（東京地裁判決平成8年9月17日）。

しかしながら、2012年に起きた大阪市立桜宮高等学校体罰自殺事件を契機として、「許される体罰」を一掃する動きが加速している。

この事件を受け文部科学省は、2013年3月、「体罰の禁止及び児童生徒理解に基づく指導の徹底について（通知）」（20

13年3月13日付け24文科初第1269号）を発出した。同通知は、「児童生徒への指導に当たり、いかなる場合も体罰を行ってはならない」として体罰の絶対禁止を宣言するとともに、「体罰は、違法行為であるのみならず、児童生徒の心身に深刻な悪影響を与え、教員等及び学校への信頼を失墜させる行為である」とその弊害を指摘している。日本の学校現場で脈々と受け継がれてきた「愛のムチ」論を真正面から否定したことに留意する必要がある。

正当な指導との区別が必要

しかし、児童生徒が安心して学べる環境を確保することは、学校教育の大前提である。体罰に該当することを怖れるあまり、教員が毅然とした指導をためらうようなことがあってはならない。そこで重要になるのが、正当な指導、懲戒と体罰の区別である。

この点について、同通知は、「その懲戒の内容が身体的性質のもの、すなわち、身体に対する侵害を内容とするもの（殴る、蹴る等）、児童生徒に肉体的苦痛を与えるようなもの（正座・直立等特定の姿勢を長時間にわたって保持させる等）に当たると判断された場合は、体罰に該当する」としている。この定義から、体罰には、「身体に対する侵害を内容とするもの」と「被罰者に肉体的苦痛を与えるようなもの」の2つのタイプが存在することがわかる。

問題は、同通知が「例外」を認めているかに読める点である。すなわち、「教員等が児童生徒に対して行った懲戒行為が体罰に当たるかどうかは、当該児童生徒の年齢、健康、心身の発達状況、当該行為が行われた場所的及び時間的環境、懲戒の態様等の諸条件を総合的に考え、個々の事案ごとに判断する必要がある」とし、主体である教員、客体である児童生徒、あるいは保護者の主観にのみ依拠した判断を排除し、諸要素を総合的に勘案して判断するべきとしている。ここに「許される体罰」論が紛れ込む可能性が存在するとしたならば、通知の意義が大きく損なわれることになる。

それゆえ、認められる例外は、いわゆる正当防衛や緊急避難に該当するような場合に限定する必要がある。通知に示されているように、児童生徒による暴力行為に対し、教員が自らを守るためにやむを得ずした行為や、他の児童生徒に向けられた暴力行為を制止するためにやむを得ずした行為等、適切な教育環境を整えるために教員が行う有形力の行使に限ることが重要となる。

懲戒処分等は減少傾向も

では、体罰を行った教員に対する懲戒処分はどうなっているのだろうか。

文部科学省の調査によると、2011年度に体罰を理由として懲戒処分等（当事者責任）を受けた公立学校の教職員は404人であった。それが、2012年度には2253人、2013年度は3953人へと急増している。大阪市立桜宮高等学校体罰自殺事件を受けて体罰事案の掘り起こしが進んだ結果と考えられる。

しかし、2014年度には952人と再び減少に転じ、直近の2021年度には343人にまで減少した。研修その他の効果により教員の意識が変化し、体罰事件が減少している証しとして、これを肯定的に評価することはもちろん可能である。だが、逆に、事件が風化し、小さな体罰が「強い指導」として再び見過ごされ始めていると
いう見方もできなくはない。その意味において、今後の推移を慎重に見守っていく必要があると言えるだろう。

特別企画
11

障害者差別解消法と学校での合理的配慮の提供

インクルーシブ教育推進の基盤整備

「障害を理由とする差別の解消の推進に関する法律（障害者差別解消法）」（2016年施行）は2021年に改訂され、民間事業者も合理的配慮の提供が義務となった。

国連の「障害者の権利に関する条約（障害者権利条約）」採択（2006年）後、日本は世界で140番目、8年遅れ（2014年）で批准に至った。この条約の目的は、「全ての障害者によるあらゆる人権及び基本的自由の完全かつ平等な享有を促進し、保護し、及び確保すること並びに障害者の固有の尊厳の尊重を促進する」と明記されている（第1条）。これは、障害者のための条約ではなく、障害者を社会の一員として位置づける条約とも言われているが、それは第3条の8原則で社会の側の責任に言及している点に顕著である。

そもそも日本の批准には、条約の理念に合致する国内法の整備が必要であった。実際、障害者虐待の防止、障害者の養護者に対する支援等に関する法律（障害者虐待防止法、2011年）、障害者基本法改正（同年）、障害者の日常生活及び社会生活を総合的に支援するための法律（障害者総合支援法、2012年）の整備に続き、障害者差別解消法（2013年）も制定された。

条約第7条には「障害のある児童が他の児童との平等を基礎として全ての人権及び基本的自由を完全に享有することを確保するための全ての必要な措置をとる」とあり、第24条の「教育」には、「障害者を包容するあらゆる段階の教育制度及び生涯学習」をインクルーシブ教育システムとし、第2項で5つの権利の実現を謳っている。

障害者差別解消法とは

この障害者権利条約を受け、障害者基本法も「障害者に対して、障害を理由として、差別することその他の権利利益を侵害する行為をしてはならない」と改正した。さらに一歩踏み込んだのが障害者差別解消法である。ここでは「障害者に対する不当な差別的取扱い」を禁止し、「合理的配慮の提供」を義務化した（私立学校は努力義務であったが、2021年改正により3年以内に義務となる）。障害を理由に障害のない人であれば受けられるサービスが受けられなかったりすることを差別としている。合理的配慮の提供とは、障害者が障害のない人と同等の権利を履行するために「必要かつ適当な変更及び調整」と定義される。アナウンス内容を聴覚障害者に筆談で伝えたり、文字広告を視覚障害者に点字や音声で伝えたりする等、方法を変えることで情報入手が可能になる。読み書き障害の人には読み上げソフトや音声入力ソフトの利用がそれに当たる。

これらの背景には、障害はその人個人の中にあるという医学モデルから、暮らしにくさ（社会的障壁）は環境の側にあるとしてそれを変えようとする社会モデルへの転換がある。

障害者権利条約第３条（一般原則）

(a)固有の尊厳、個人の自律（自ら選択する自由を含む。）及び個人の自立の尊重
(b)無差別
(c)社会への完全かつ効果的な参加及び包容
(d)差異の尊重並びに人間の多様性の一部及び人類の一員としての障害者の受入れ
(e)機会の均等
(f)施設及びサービス等の利用の容易さ
(g)男女の平等
(h)障害のある児童の発達しつつある能力の尊重及び障害のある児童がその同一性を保持する権利の尊重

第 24 条（教育）2（下線は筆者）

(a)障害者が障害に基づいて一般的な教育制度から排除されないこと及び障害のある児童が障害に基づいて無償のかつ義務的な初等教育から又は中等教育から排除されないこと。
(b)障害者が、他の者との平等を基礎として、自己の生活する地域社会において、障害者を包容し、質が高く、かつ、無償の初等教育を享受することができること及び中等教育を享受することができること。
(c)個人に必要とされる合理的配慮が提供されること。
(d)障害者が、その効果的な教育を容易にするために必要な支援を一般的な教育制度の下で受けること。
(e)学問的及び社会的な発達を最大にする環境において、完全な包容という目標に合致する効果的で個別化された支援措置がとられること。

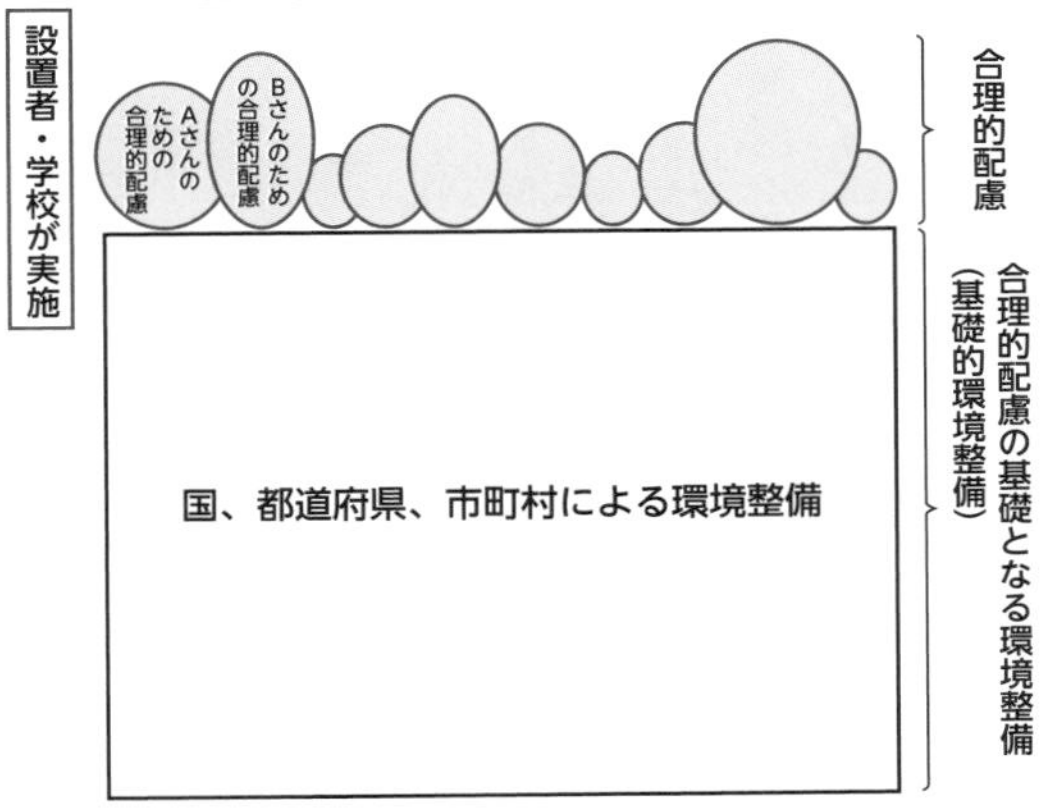

学校での合理的配慮の実践

２００７年度から、ニーズに応じて柔軟な教育支援を目指す特別支援教育が始まったが、障害の種類や程度に応じ特別な場で行う特殊教育の考え方を払拭できないでいる。通常の学級において、集団の指導では伸びにくい児童生徒がいた場合、通級による指導や特別支援学級の利用を勧めたがる傾向がそれであるが、本来、まずカリキュラムや指導法の変更を検討すべきである。

文部科学省も「共生社会の形成に向けたインクルーシブ教育システム構築のための特別支援教育の推進（報告）」（２０１２年）で、主に国や自治体が整備する基礎的環境整備の上に、個々の児童生徒に対して合理的配慮を提供する関係を示した（上図）。基礎的環境とは、学校設置や校舎の構造、人員配置、ＩＣＴ環境などである。ネットワーク環境の向上や１人１台タブレット端末の活用等、この数年で躍進を遂げたが、果たしてその上にのせるべき合理的配慮は積み上がっているのだろうか。

通常の学級では、長らく教師による一斉指導が主であった。よって、「みんな同じ」方法で学ぶことを奨励し、合理的配慮を特別扱いととらえやすい。合理的配慮とは目標に向けて学ぶ方法を変更したり調整したりすることであって、優遇や救済措置とは異なる。

特別な教育的支援を必要とする児童生徒は、通常の学級に８・８％いる（文部科学省、２０２２）。しかし、小中学校の54・9％が教室内の配慮を行っているのに対し、高校では8割が未実施であった。大学や高校の入試では合理的配慮の提供は確実に増えているため、この情勢を受けて、授業や定期試験にも支援が広がっていくことが望まれる。

特別企画
12

働き方改革推進法と給特法改正の動向

「働き方改革推進法」と学校の働き方改革

「働き方改革を推進するための関係法律の整備に関する法律」（2018年6月成立。以下、働き方改革推進法）が2019年4月から施行された。本法は、労働基準法（以下、労基法）、労働安全衛生法（以下、安衛法）等、労働関係の8つの法律に加えられた改正の総称である。本法が学校・教員の働き方改革に及ぼす影響は大きかったが、特に、次の2点が重要である。

①労働時間規制に関して刑事罰を伴う強行規定として上限を設けたこと。

②健康確保を進める改正が図られたこと。具体的には安衛法・規則では、客観的で適切な方法による勤務時間の管理を義務付け、産業医の役割強化等により健康確保を図る等の改正が行われた。「労働時間等の設定の改善に関する特別措置法」改正では、民間に勤務間インターバル制度の導入促進が努力義務化された。

右の諸改正は、私立学校や国立大学附属学校にはそのまま適用される。しかし、公立学校の場合には、①時間外労働の上限規制に関しては強行規定や罰則が当面該当しないこと（地方及び国家公務員は適用外）、②客観的で適切な方法による勤務時間の管理についても、公立学校の場合には給特法が適用されているため給特法との調整が不可避であった。今次の改革では給特法をそのまま維持するとしたため、給特法と齟齬が生じないよう民間とは異なる勤務時間管理の方策や時間外労働抑制の制度的措置を図った。

新たな制度的措置 ―改善点と残されている課題―

●給特法見直しの論議…給特法は、「定額ただ働き法」等と批判されてきた。ただ、制定時（1971年）は、正規の勤務時間を適正に割り振りし時間外勤務を生じさせないよう配慮すること、「臨時又は緊急のやむを得ない必要があるとき」に限り超勤4項目の業務で時間外勤務を命じることができるとする等、時間外勤務抑制を原則としていた。しかし、その後、勤務時間の適正な割り振りができないほどに時間外勤務が長くなり、また、超勤4項目以外の業務量も増大し長時間勤務の原因になっているにもかかわらず、それら業務は、教員の「自発的行為」と扱われて長時間の時間外勤務が事実上放置される状況が続いてきた。

中教審では、給特法の廃止を含め検討された。しかし、給特法を廃止し割り増しの時間外勤務手当化した場合、指針の上限基準に見合う時間外勤務手当額は、約1兆数千億円と試算された。国・自治体の厳しい財政事情や財務省の姿勢を考えると現実的な選択肢にはなり得なかった。また、給特法の論拠とされてきた教職の「特殊性」や勤務時間管理の難しさ等に関する多岐にわたる論議においても合意形成ができなかった。

●政府・文部科学省の働き方改革の基本方針…給特法の維持を前提に、文部科学省は「働き方改革推進法」に対応できる制度的措置を図る必要があったが、その要点は以下の通りであった。

①労基法や安衛法等の改正により、公立学校でも時間外勤務の上限規制と勤務時間を客観的で適切な方法で管理するという要請に対して、給特法一部改正で「指針」を策定し、労基法の上限規制（月45時間、年360時間、等）等を明示した。

②時間外勤務を抑制するため、学校・教員が担うべき業務の見直し・適正化を図る取り組みを進めるとともに、従来、教員の「自発的行為」とされてきた超勤4項目以外の業務も時間管理の対象とし、勤務実態を「在校等時間」という外形で把握し、時間外の「在校等時間」を指針の上限まで削減することを求めた。

しかし、「在校等時間」という考え方に対しては、疑問・批判もある。労基法上の労働時間（地方公務員法上の勤務時間）では、時間外労働に対しては超過勤務手当や振替休暇が措置され、上限を超えた場合には罰則が科せられる。しかし、時間外の「在校等時間」には金銭的または振替休暇の措置はなく「ただ働き」状態が続き、上限を超えた場合にも罰則が科されるわけでもない。そのため、「二重基準」であると強く批判もされている。そうした問題は、給特法に起因するため、その見直しを図るためには給特法の改廃が避けられない。

ただ、今回の見直しにも一定の意義がある。これまで教員の「自発的行為」として「隠されてきた」時間外勤務が可視化され、健康確保の措置を図っていく新基準にされた意味は大きい（「15 学校の労働安全衛生管理とメンタルヘルスケア」を参照）。

また、「在校等時間」の把握で勤務実態が可視化され客観的データとして公になることで、今後、教育政策のPDCAサイクルに乗せて教職員定数の改善や授業持ち時数の軽減等の取り組みに活用されていく可能性も広がった。そして、長時間の時間外勤務を行ってもそれが「自発的行為」と扱われてきたことで認定が難しかった公務災害も認定されやすくなったと考える。

給特法の見直しのゆくえ—政府内で検討が進むいくつかの案

文部科学省は、6月に給特法見直しを含め新たな働き方改革の検討を中教審に諮問し審議を開始する。先行して、自民党の「令和の教育人材確保に関する特命委員会」（以下、特命委員会）が党の基本方針を、また文科省・有識者会議が論点整理の作業を進めてきた。

2023年4月末現在、特命委員会では、給特法見直しに関して3つの案が浮上していると報じられた（朝日新聞2月28日付朝刊）。1案は給特法の廃止、2案は給特法維持で教職調整額を十数%まで引き上げる案、そして、3案が給特法を維持し教職調整額を数%引き上げたうえで学級担任等の職に手当を上積みする案である。これまでの論議や昨今の政治状況等を考慮すれば、議論は3案をベースに収斂していくと推察される。

文科省・有識者会議も「論点整理」をまとめているが、そこでは、給特法廃止の場合、労基法が適用され労使協定を締結する必要が生じ労務管理上の難題や管理職への負担過重が生じる等の多くの懸念が指摘され給特法廃止に極めて慎重な姿勢が窺える。中教審では、給特法維持を基調に審議が進められていくと推察されるが、その中で新たな働き方改革の課題がどう検討されていくのかを注視したい。

特別企画
13

教員不足と定年延長に対応したこれからの人材活用

変わりつつある教職観

「一生をかけて子どもたちの教育に携わる」という教職の一つの職業観が変わりつつあるのかもしれない。

今、学校では本来配置されるはずの先生が見つからない、教職希望者が減っている、原因には先生たちの長時間勤務があるなど、社会的に大きな問題となっている。そして、２０２３年度から定年延長制度と新しい研修制度が導入される。そこで、現職教員が教職人生をどのように見つめ自己を高め充実させていくのか、教職の有り様を再考する。

教員を取り巻く状況と教員不足

数年来、教職員の長時間勤務の解消に向けて、学校は働き方改革に懸命に取り組んできた。しかし、成果には学校差があり、まだまだ、学校はブラックな職場ではないかという不安は払拭されていない。

教員の業務過多への対応として、「チーム学校」が推進され教員以外の職種の導入が進んだ。スクールカウンセラーが心理・教育相談、スクールソーシャルワーカーが社会福祉の観点から相談を受け、行政機関などとつなげる。教員免許の有無にかかわらないさまざまな支援を名目とした配置など、これまでに比べて多くの人たちが学校を支えている。しかし、学校現場では厳しい現状が続く。予期しなかったコロナ感染対策、個別最適化と協働的な学びの推進、1人1台端末の活用、いじめ、不登校対応など、多くの教育課題に懸命に取り組んでいる。また、並行して国の施策である小学校の定数改善による35人学級が一学年ずつ進むこととなったが、一方で児童生徒の自然減による定数減も進んでいる。したがって、働き方改革の推進や長時間労働解消に向けての展望が見えず、勤務状況の抜本的な解決には至っていないと言える。

それどころか特別支援学級設置増、育休産休取得にともなう代替教員不足が深刻な事態となっている。また、採用倍率低下による志願者の質の低下を憂慮し新規採用者数を抑えたり、深刻な教員不足対策として、35人学級の上限人数の引き上げを臨時的に行ったりする自治体もある。

他にも、中・高等学校の部活動の問題、教職調整額４％の是非や超勤手当導入による労働条件改善の問題など、教職員を取り巻く勤務上の問題が山積している。

学校で「教員志望者」を育てる

こうした状況下、社会では私生活と仕事のバランスを大切するライフスタイルが浸透し、若い世代の教員志望者にも、長時間労働とされる教員の労働環境に大きな不安を抱き、他職種へ希望を変更する者が増えているとも言われる。この状況は、教員の厳しい労働環境が改善され不安が軽減されることや定数改善計画の前倒しによる「先生」の生産年齢人口の純増、さらなるチーム学校の推進などが達成されない限り、根本的に変わらないと考えられる。

しかし、全国的に出生率や出生数が毎年下がり、学齢期の児童生徒が減少し、教員不足が自然に解決するのを待つようなことは決してあってはならない。

残念ながらこうした状況ではあるが、今、教員として後進を育てるためには、まず、現場の教員が自校の職場環境を整えること、「先生」がとても魅力ある職業であると発信することが重要である。魅力ある学校づくりに努め、子どもたちの学校での素晴らしい成長体験が、教職への憧れに結びつき、教員になって自己実現したいと思う教職志望者を地道に育成したい。

「定年延長制度」と「新しい研修制度」

2023年度は、全ての年齢層の教職員にとって影響が大きい定年延長制度が導入され、65歳まで正規の教職員として身分保証される。実際は数年かけて65歳まで定年が延長されるのだが、60代の多くの「先生」が経済用語でいう生産年齢人口に位置づけられるのである。しかし、定年延長で学校現場にとどまる教職員数と新規採用人数により均衡が図られることから、現場に教員数の余裕が生まれることはない。ここで教員にとって最も大切なことは、延長される教職人生を踏まえ、自分と向かい合うことである。

2023年度からは免許更新制度廃止にともなう新しい研修制度も導入される。「令和の日本型学校教育」では、教師の主体性が大前提である「新たな教師の学びの姿」が示された。関連して、2022年に教育公務員特例法が改正され、続いて育成指標が令和の学校の教職員にふさわしいものとなるように都道府県、市町村教育委員会で見直された。2023年4月から管理職は各教職員の研修履歴を記録として残し、各教職員の成長と資質向上を目指して、指標を参考に指導助言を行う。

ここで一人の教職人生の視点に立ち戻ると、役職定年する管理職も含めた教職員が、定年延長となる最大5年間を見据え、指標をもとに新しい研修制度にどのように取り組むかが極めて大切となる。充実した教職人生にするには各々が自分と向き合いしっかりと考えなければならない。

「人材育成」と「人材活用」

校長として、所属の各教職員が教職人生を満足して閉じることができるように支援することはとても重要な務めである。

したがって、校長にとっては、新しい研修制度が導入され教職員との面談の重要度が大きくなる。定年延長となり65歳まで、何を強みとして発揮するのか、その強みを若いころからいかに計画的に研修し、力量としていくのか、校長が所属教職員と話を進める意味は大きい。現在、各自治体は新しい研修制度の整備に力を入れている。校長は研修の情報を熟知し、研修機会について、所属職員の人材育成につながるように的確に指導助言しなければならない。人材育成とその成果が活用に結びつくことが理想である。

例えば、65歳までの5年間は、定年前短時間任用制度を選択できる。週3日、4日、5日の勤務だが、専科指導、少人数や英語活動、プログラミング教育専任などに特化した職務内容を選択肢として考える自治体も多い。常勤、短時間勤務にかかわらず、研修し身に付けた強みが学校で生かされることが人材活用と言える。制度が変わるときは戸惑いや混乱もあるが、自らを生かすチャンスでもある。人材育成を活用につなげる視点を大切に、各々が研修と対峙しなければならない。

特別企画
14

「令和の日本型学校教育」を担う教師の養成・採用・研修等の在り方

養成・採用・研修の体系

現在の養成・採用・研修の体系は2015年の中央教育審議会答申「これからの学校教育を担う教員の資質能力の向上について」が基本になっている。教員の養成・採用・研修の一体的改革の大原則は変わっていないが、そのために都道府県指定都市の教育委員会に設置された教員育成協議会（教育委員会、大学その他の関係者が参画）において教員の育成ビジョンとなる教員育成指標が策定され、それに基づいて養成、採用、研修の各段階を連携しながら改善していくことが求められた。

また、養成段階について、全国の大学の教職課程で共通して習得すべき能力を示した教職課程コアカリキュラムが示されている。大学の教職課程は、教職課程コアカリキュラムと教員育成指標に基づき、大学独自の教員養成カリキュラムを構築することとなっている。

研修においては、都道府県等で策定された教員育成指標を踏まえて、任命権者である教育委員会が教員研修計画を策定し、研修を提供することとなっている。

なお、教員研修を提供する権限が教育委員会にある以上、教育委員会の判断で多様な研修を実施することが可能であるが、教育公務員特例法では初任者研修と中堅教諭等資質向上研修を実施することを規定している。初任者研修は教員の任命権者が行う「採用の日から一年間の……職務の遂行に必要な事項に関する実践的な研修」のことである。多くの教育委員会は、採用後の1年間に加え、2年目以降の若手教員を対象にした研修を実施している。中堅教諭等資質向上研修は、教員の「個々の能力、適性等に応じて、……相当の経験を有し、その教育活動その他の学校運営の円滑かつ効果的な実施において中核的な役割を果たすことが期待される中堅教諭等としての職務を遂行する上で必要とされる資質の向上を図るため」の研修である。以前は採用後10年程度を経験した教員を対象にした研修であったが2015年答申を受けて2016年に改正された教育公務員特例法により、現行制度となっている。

各教育委員会は、上記の法律に基づいた研修に加え、教員育成指標を踏まえて独自の判断による研修（年次研修、職務に応じた研修等）を実施している。

免許更新制の発展的解消

現職教育とは別に、養成課程の再教育という意味合いがある免許更新制は2009年度より実施されてきたが、2022年5月の法改正により廃止となった。施行より10年以上が経過し、社会情勢が変化していること、教師の研修環境が変化していること等を理由としている。

「『令和の日本型学校教育』を担う教師の養成・採用・研修等の在り方について」答申

２０２２年12月に中央教育審議会は「『令和の日本型学校教育』を担う教師の養成・採用・研修等の在り方について」と題する答申を出した。この答申は基本的な枠組みは２０１５年答申のものを引き継ぐものの、教師と教師志望者の負担を減らして教職を魅力あるものにしていこうとする、次のような施策が示されている。

●教職実践演習及び教育実習の実施時期の柔軟化

教育実習は、全ての学生が一律に教職課程の終盤に教育実習を履修する形式を改め、取得を目指す免許状の学校種の違い等も考慮しつつ、それぞれの学生の状況に応じた柔軟な履修形式が認められるようにする。

教職実践演習は、現在は大学4年次に実施することとされているが、各大学の判断で適切な時期を設定できるようにする。

●柔軟な教職課程の開設

入学段階では教職課程を履修していなかった学生が中途から教職課程を履修できるようにするため、最短2年間で免許状取得に必要な基礎資格・単位を得られる二種免許状の取得を念頭に置いた教職課程の開設を特例的に認めるようにする。

小学校高学年における教科担任制の取り組みを推進するための特例的な措置として、専科指導の優先実施教科とされた外国語、理科、算数及び体育に相当する中学校教員養成課程を開設する学科等においては、教員養成を主たる目的とする学科等以外の学科等においても、小学校教員養成を行うことを可能とするようにする。

●教員採用選考試験の早期化・複線化

教員採用選考試験の実施時期は変化が見られないものの、民間企業の採用時期が早期化していること、国家公務員試験の実施時期の前倒しが検討されていること等を踏まえ、教員採用選考試験の実施時期の早期化・複線化について検討する。

教員採用選考試験において、教師養成塾などの学習成果や教育実習など大学での学習成果・経験を活用することや、民間企業との採用選考の併願を容易にする観点から、民間企業の提供する適性検査の利用等を検討する。

●特別免許状授与により多様な専門性を持つ人材を取り入れる

特別免許状の授与件数は増加しているものの、一部自治体では特別免許状を取得しようとする者の指導方法・指導技術等に関する普通免許状との同等性を過度に重視して授与が進んでいない事例がある。そこで、特別免許状授与候補者の教科に関する専門的知識経験・技能については、教科の内容を完全に包含することを求めるのではなく、自身の専門分野を中核として、当該教科に関する知識がある場合には、特別免許状の授与が可能であるとの考え方を示す。

特別免許状の授与により教職に就く者の任用形態はさまざまな方法が考えられる。国においては研修プログラムを用いた円滑な学校現場での活用を支援する。

●改革工程

文部科学省は、２０２２年12月の答申時に「『令和の日本型学校教育』を担う教師の養成・採用・研修等に関する改革工程表（案）」を公表した。工程表では２０２５年度までの期間で各施策をどのように実施していくかが示されている。

現行制度の中で実現可能なものについては、関係者を集めた協議会を開催したり、各自治体の状況を調査したり、調査研究を実施したりする計画を、省令改正等が必要な提言に関しては改正時期の目処を示している。

特別企画
15

学校の労働安全衛生管理とメンタルヘルスケア

労働安全衛生法と学校の労働安全衛生管理体制構築の責務

学校の働き方改革が進行する中でも、教員のメンタルヘルス不調者が増え続けている実態がある。教員のメンタルヘルスマネジメントと学校の労働安全衛生管理体制の早急な整備、そしてその実効性ある運営を図っていくことが重要である。

労働者の安全・健康の確保と快適な職場環境の形成を促進することを目的とする労働安全衛生法（以下、安衛法）は、事業場（学校等）における労働安全衛生管理体制の構築と労働者の安全配慮義務を事業者（公立学校では教育委員会が該当）の責務としている。

安衛法では、常時50人以上の労働者が勤務する事業場（学校等）には、衛生管理者や産業医の選任、衛生委員会設置等を義務付け、50人未満の事業場（学校等）でも衛生推進者の選任と安全・衛生に関し労働者の意見を聴取する機会を設けることとされている。２０１８年の安衛法・同規則の改正では、労働時間の客観的で適切な方法での把握（勤務時間管理）義務や産業医等の面接実施要件の一つである月あたり時間外勤務１００時間超を月80時間超に見直すこと、産業医による健康管理をより実効的なものにするため産業医の職責・権限等を強化すること等を図った。２０１４年に義務化されたストレスチェック（50人未満の事業場は努力義務）も文部科学省は学校規模の別なく全ての学校で実施することを要請している。

公立学校では、長い間、給特法も一因と考えられるが勤務時間を管理する体制が整えられてこなかったことや、特に小中学校では教職員50人未満の学校が大半であったこともあり、安衛法で義務付けられている労働安全衛生管理体制の整備は遅れていた。政府の働き方改革を背景に、ようやく公立学校でも労働安全衛生管理体制の整備が本格的に進められ、衛生管理者・衛生推進者や産業医の選任率、衛生委員会やそれに類する組織の設置率、面接指導体制の整備やストレスチェック実施率等はこの数年間で急速に改善してきた。ただし、その実効性のある取り組みとなると小規模校の小中学校を所管する市町村教育委員会を中心に課題も多い。

メンタルヘルスマネジメントと安全配慮義務

●メンタルヘルスケアと対策…職場における労働安全衛生活動の取り組みで、特に重視したいのがメンタルヘルスケアである。

メンタルヘルス対策は、予防と早期発見・対応が極めて重要である。取り組みとしては、一次予防（メンタルヘルス不調の未然防止）、二次予防（メンタルヘルス不調の早期発見、適切な措置）、そして、三次予防（メンタルヘルス不調となった者の職場復帰支援等）とあるが、近年、メンタルヘルス不調そのものへの対応・対策に主

15 学校の労働安全衛生管理とメンタルヘルスケア

眼を置くのではなく、労働者が生き生きと働ける職場づくりが、やりがいと誇りを増進し組織の活性化と生産性を向上させるという「ポジティブ・メンタルヘルス」の考え方が重視されている。そうした考え方からいっても、事業者の教委と学校管理職は、教職員が心身ともに健康で安全に働ける職場づくりを学校経営上の最重要方針として宣言し実践していく必要がある。

厚生労働省「労働者の心の健康の保持増進のための指針」では、メンタルヘルスケアは、「セルフケア」、「ラインによるケア」、「事業場内産業保健スタッフ等によるケア」及び「事業場外資源によるケア」という4つのケアが継続的かつ計画的に相互に連携しながら行われることが重要であるとしている。「セルフケア」とは、ストレスやメンタルヘルスに対する理解や気づき、対処等で当事者がそれらを適切に行えるよう研修や情報提供を教委や管理職は実施する必要がある。「ラインによるケア」とは、労働者の勤務・健康状況や職場の労働環境等の把握と改善、相談対応と体制づくり等で、管理職や衛生委員会等の労働安全衛生活動の役割が重要である。そして、「事業場内産業保健スタッフ等によるケア」とは、セルフケアやラインによるケアが効果的に実施されるよう産業医等の専門スタッフがメンタルヘルスケア実施の企画立案や相談対応、「事業場外資源」とのネットワーク形成や窓口の役割等を担う。

●学校特有の課題…ただ、教員は、子どもの指導には時間を惜しまないという「本業回帰願望」が強くセルフケアの面で課題があり、学校組織もいわゆる鍋蓋型でラインによるケアを行う上で難しい面もある。加えて、教委事務局等に産業医・保健師等の健康管理スタッフを配置していても学校は分散事業場であることもあり一元的管理が難しく健康管理の目が届きにくいという組織構造上の問題もある（山本２０２２）。そうした学校特有の諸問題に対応するため、教職員のセルフケアの意識・技能を高めるための計画的体系的な研修が不可欠であるし、ラインケアの責任者である校長等の管理職が職場の実態把握や相談対応等において一人で抱え込まないようにする必要もある。そのためにも、管理職と教職員が必要なときに相談しやすく指導・助言を受けることのできる学校内外の産業保健専門スタッフとつながりやすい仕組みを整備・構築しておくことが大切になるし、学校全体で取り組むために衛生委員会等の労働安全衛生活動を活発にしていくことが求められている（地方公務員安全衛生推進協会２０２３）。

●安全配慮義務をめぐる裁判―大阪地裁判決の意義…過重な時間外勤務で適応障害を発症したとして大阪府立高校教員が府に慰謝料等の損害賠償を求めた訴訟で、大阪地裁は、２０２２年6月28日、安全配慮義務違反があったと判断し府に支払いを命じた。本判決は、今次の働き方改革で、労働基準法の労働時間の時間管理等とは異なるが、公立学校においても在校等時間で勤務実態を把握しその上限を設けた趣旨を重要視し、在校等時間が一定基準を超えた場合には業務の量的過重性があったとして安全配慮義務違反になる等と判断した。本判決は、職務命令か否か、労働基準法上の労働時間と同じでない等とは無関係に在校等時間で業務の量的過重性を判断する新たな基準を採用した点で、今後の学校の働き方や学校経営にも大きな影響を及ぼすと考えられる。教委と学校管理職は、その点を踏まえて教職員の安全健康に一段と配慮した労務管理と学校経営に努める必要がある（小川２０２２）。

参考文献　地方公務員安全衛生推進協会（2023）「公立学校における労働安全衛生管理体制の事例集」
小川正人（2022）「学校における安全配慮義務―大阪地裁判決が突きつけたものは―」（『教職研修』11月号　通巻603号）
山本健也（2022）「教職員が『健康に働ける』ための管理職の視点と留意点」（『教職研修』11月号　通巻603号）

特別企画
16

学校における多様性教育の取り組み

社会の多様化を受けて

文部科学省（２０２１）は「子どもたちの多様化」として「特別支援教育を受ける児童生徒」の増加に加え、「特異な才能のある児童生徒」、外国人児童生徒や日本国籍でも「日本語指導を必要とする児童生徒」の増加に触れている。これらの情勢を背景に、生徒指導提要（２０２２）では、従来のいじめ、不登校、暴力行為などへの対応を詳述する中でも、貧困や虐待、ヤングケアラーなど福祉的観点も言及した上で、「多様な背景を持つ児童生徒」として、発達障害、精神疾患、外国人児童生徒を挙げて対応を記している。

総務省（２０２０）も「国籍や民族等の違いにかかわらず、誰もが社会の構成員であることを学ぶことが重要である。外国人の児童生徒を受け入れていない学校も含めて、全ての児童生徒を対象として、多文化共生や異文化理解の考え方に基づく教育を推進する。その際、外国人の人権尊重の視点に配慮する」と明記している。

多様性と包摂性を推進する法的整備

すでに国連を中心に、「女性差別撤廃条約」（１９７９年）、「子どもの権利条約」（１９８９年）、「障害者権利条約」（２００６年）など、それまで不合理な処遇や差別を受けていた社会的弱者に光を当てた権利保障が進んできた。

国内でも「子ども・若者育成支援推進法」（２０１０年）、「いじめ防止対策推進法」「子どもの貧困対策の推進に関する法律」（２０１３年）、「障害者差別解消法」「教育機会確保法」（２０１６年）等が施行され、子どもが安心して育ち、権利が守られる環境は年々、整備されている。

これまで以上に、児童生徒への均一な対応では不十分で、スクールカウンセラーやスクールソーシャルワーカーなどとの連携をはじめ、児童相談所や福祉事務所、警察等との外部機関とも連携し、多角的な支援をしていく必要が増していると言える。

多様性に向き合うことが変容につながる

社会がグローバル化し、多様な価値観があることは認識できても、それがきっかけで学校内、学級内で葛藤が生じると対処は容易ではない。いや、むしろ、そのような揺さぶりがあってこそ、多様性に目覚め、これまでの自文化中心の発想に気づき、共生を探る必要性に迫られる。例えば、性の多様なあり方を知ることで、男女別名簿や制服を見直し、必要以上に性別を聞いたり、性で分けたりすることも改善されてきた。外国籍の児童生徒がいることで、言語面への配慮だけではなく、黒髪ありきの校則や生徒指導を見直す学校も出てくる。発達障害の児童生徒への合理的配慮を進める中で、該当者だけの特別扱いではなく、学習者が自己調整する場を増やし、個別最適化が促進された例もある。

このように、実際に多様性に向き合うことで、これまでの教育を見直し、あるべき姿を模索し、多くの教師や学校の変容につなげていける可能性がある。

多様性教育とは

一方、子どもたちの立場に立って、多文化に触れ、自身のありようを見直す教育は、どうあるべきだろうか。平沢（２００３）は、集団として新たな文化を取り入れる「多文化教育」と区別し、「個の多様性や個を構成する多様なアイデンティティ要素に注目し」「集団間・個人間の諸関係を」見つめる教育を多様性教育と定義している。

確かに国際理解教育、多文化教育、ＳＤＧｓなどの実践は華々しくさえ見える。文科省（２０２１）も「あらゆる他者を価値のある存在として尊重し、多様な人々と協働しながら様々な社会的変化を乗り越え、豊かな人生を切り拓き、持続可能な社会の創り手となることができるよう、その資質・能力を育成する」ことを求めている。

深田ら（２０１８）の小学校教員への調査では、７割以上の教師が「多様性を教える授業」を行っていたが、未実施の教師は外国籍、発達障害、文化的多様性、経済的困難、性等で該当児がいないことを理由にしていた。すべての子どもに必要な多様性教育ではなく、異なる要素のある子どもへの配慮やそれを周囲に促す取り組みにとどまっている。

ＯＥＣＤの調査（２０１８年）にも「文化的に多様な学級に関する指導実践」の設問が入ったが、「異なる文化を持つ児童生徒がいる学級の指導」経験のある教員がその指導ができていると判断した程度は参加国平均に比べ日本は著しく低い（図表１）。もともと肌の色や髪の色が同じであることが自然で、民族意識が低い日本が、異質性を扱わないで済ませてきた故とも言える。赤木（２０１７）も、「difference と individual」に価値を置くアメリカと違い、「sameness と relationship」に価値を置く日本は同質性を高めることによって異質性の排除につながりやすいことを指摘している。この同質性からの脱却に、多様性教育は契機となる。違う価値観に出合い考える体験学習は、他の要素にも転移していく。障害のある人を尊重するあり方はＬＧＢＴＱの在り方にも耳を傾けさせよう。取り上げるテーマはどうあれ（図表２）、自分の生き方や他者への関わり方、集団の在り方や文化の見つめなおしにつなげることにこそ、多様性教育の本質があるのだ。

図表１　文化的に多様な学級における指導

		児童生徒間の文化的な違いへの意識を高める	児童生徒間の民族に対する固定観念を減らす	移民の背景を持つ児童生徒と持たない児童生徒が共に活動できるようにする	指導を児童生徒の文化的な多様性に適応させる	多文化的な学級での難題に対処する
中学校	日本	32.5%	29.8%	27.8%	19.7%	16.6%
	48か国平均	70.2%	73.8%	67.9%	62.7%	67.9%
小学校	日本	36.9%	31.6%	28.1%	21.7%	17.2%

「異なる文化を持つ児童生徒がいる学級の指導」をしたことがあると回答した教員ができている程度を「非常に良く」「かなり」「いくらか」「全くできていない」で評定
「非常に良く」「かなり」との回答の割合
・「移民の背景を持つ児童生徒」：「両親が日本以外で生まれた人のこと」を指す
・「多様性」：「児童生徒や教職員の背景の違いを認識し、尊重すること」を指す
・「文化的な多様性」：「特に文化的、民族的な背景」を指す

OECD 国際教員指導環境調査（TALIS）2018

図表２　内なる多様性を視野に入れて

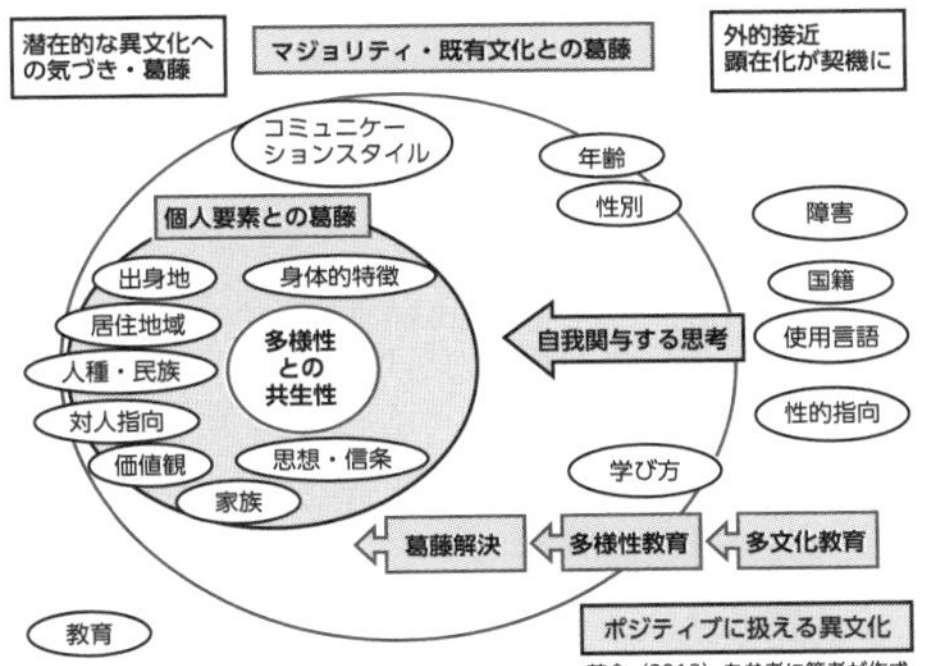

荒金（2013）を参考に筆者が作成

参考文献　平沢安政（2003）「人権教育としての多文化教育」『国際人権ひろば』No.51／深田將揮・竹下幸男・生野勝彦・渡邉健治（2018）「小学校教師のダイバーシティ教育に関する取り組みと意識についての一研究」『Journal of Inclusive Education』5, 1-17／荒金雅子（2013）『多様性を活かすダイバーシティ経営―基礎編』（日本規格協会）／赤木和重（2017）「ユニバーサルデザインの授業づくり再考」 教育科学研究会『教育』№853（かもがわ出版）

部活動の地域移行と教員の負担軽減

部活動の地域移行をめぐる近年の動向

２０１０年代後半以降、部活動（特に運動部活動）の改革が進められている。中央教育審議会答申「チームとしての学校の在り方と今後の改善方策について」（２０１５年12月）において、部活動等の指導・助言や部活動の指導、顧問、単独での引率等を行うことを職務とする職員の新設が提唱され、２０１７年４月から「部活動指導員」が制度化された。部活動指導員は、従前より運用されてきた外部指導者よりも責任と権限を持っており、教員の負担を減らすことが期待された。

スポーツ庁は、２０１８年３月に「運動部活動の在り方に関する総合的なガイドライン」を策定し、学校と地域が協働・融合して運動部活動が実施されるべきであるとした。また、中央教育審議会答申「新しい時代の教育に向けた持続可能な学校指導・運営体制の構築のための学校における働き方改革に関する総合的な方策について」（２０１９年１月）において、「将来的には、部活動を学校単位から地域単位の取組にし、学校以外が担うことも積極的に進めるべきである」と述べられている。

これらの動向を踏まえ、文部科学省は２０２０年９月に「学校の働き方改革を踏まえた部活動改革について」を発表し、「２０２３年度以降、休日の部活動の段階的な地域移行を図るとともに、休日の部活動の指導を望まない教師が休日の部活動に従事しないこととする」方針を示した。また、２０２１年度より、文部科学省は予算事業として「地域運動部活動推進事業」を新設し、休日の部活動の段階的な地域移行や合理的で効率的な部活動を推進している。

部活動改革の背景にあるのは少子化と教員の働き方改革

このように運動部活動の改革が進められている背景として、①少子化の問題と、②教員の働き方改革が挙げられる。まず、①少子化の問題について検討する。公立中学校の学校数は、１９８９年の１万５７８校から２０１９年の９３７１校と11・４％減少している。それに対して公立中学校の生徒数は、１９８９年の５３８万６１３４人から２０１９年の２９５万３３１人と45・２％も減少している。つまり、１校あたりの規模が小さくなっていき、各校で多様な運動部活動を維持するのが難しい状況になっている。

次に、②教員の働き方改革について検討する。中学校教諭が土日に部活動に関わる時間は、２００６年と２０１６年を比べると約２倍となっており、教員の負担が増している現状がある。また、ＯＥＣＤ国際教員指導環境調査（ＴＡＬＩＳ）の２０１８年調査をみると、我が国の中学校教員の１週間あたりの仕事時間のうち、課外活動の指導にかかる時間は７・５時間であり、これはＴＡＬＩＳ参加48か国（平均１・９時間）の中で群を抜いて長い。それゆえ、教員の働き方改革の観点からも、部活動の改革が必要とされてきた。

提言で示された改革の方向性

2021年10月から有識者による運動部活動の地域移行に関する検討会議が開催され、2022年6月6日に検討会議座長からスポーツ庁長官へ「運動部活動の地域移行に関する検討会議提言（以下、提言）」が手交された。以下、提言の内容について概説する。

提言の中で「今後の目指す姿」として、①少子化の中でも、将来にわたり我が国の子供たちがスポーツに継続して親しむことができる機会を確保する必要があること、②「スポーツ」は様々な形での「自発的な」参画を通して、「楽しさ」や「喜び」を感じることに本質を持つ文化であり、全ての人が自発的にスポーツに取り組んで自己実現を図り、スポーツの力で輝くことにより、前向きで活力ある社会と、絆の強い社会を創ることを目指すべきであること、③運動部活動の地域移行は、単に運動部活動を学校から切り離すということではなく、子供たちの望ましい成長を保障できるよう、地域の持続可能で多様なスポーツ環境を一体的に整備し、地域全体で子供たちの多様なスポーツの体験機会を確保する必要があること、が示されている。

第1章は、中学校等の運動部活動の改革の方向性が示されている。まずは休日の運動部活動から段階的に地域移行していくことを基本とし、その際、平日の運動部活動の地域移行についてもできるところから取り組み、地域の実情に応じた休日に関する地域移行の取組の進捗状況等を検証し、さらなる改革を推進する必要があるとしている。また、地域移行の受け皿となる地域におけるスポーツ機会の確保、生徒の多様なニーズに合った活動機会の充実、地域スポーツの振興についても、着実に取り組むことが重要であるとしている。

第2章は、地域における新たなスポーツ環境の在り方とその構築方法が示されている。参加者は、現在文化部活動に所属する生徒や障害のある生徒を含む、希望する全ての生徒を想定し、実施主体は、地域の実情に応じて、多様なスポーツ団体等や学校関係の組織・団体を想定している。活動内容として、生徒の志向や状況に応じた対応が求められ、生徒が複数の活動を経験できるように活動日数や時間を考慮することや、休養日を設定するなど生徒の健康への配慮も求められるとしている。活動場所としては、既存のスポーツ団体の施設や公共の運動施設だけでなく、学校の施設や廃校を活用することも想定。市町村において、地域スポーツ担当部署や学校の設置・管理運営を担う担当部署、地域スポーツ団体、学校等の関係者からなる協議会を設置し、活動の実施主体やスケジュールなどを検討し実行することを求めている。

第3章から第9章までは、スポーツ団体等の整備充実、スポーツ指導者の質・量の確保方策、スポーツ施設の確保方策、大会の在り方、会費の在り方、保険の在り方等、具体的課題への対応が示されている。第10章は、地域移行が進められている間も学校において運動部活動を見直す必要があることが示されている。

当初文部科学省は2023年度から2025年度までの3年間を「改革集中期間」と位置付けていたが、3年間では難しいということで「改革推進期間」と位置付け直した。今後、学校外の人による指導の機会が増えていくが、費用負担の問題や体罰防止対策などが課題として残る。

1 学校教育法における学校

学校教育法の構造

　日本における学校は、学校教育法に定める学校、それ以外の学校に大別でき、中でも学校教育法第1条に掲げる学校（一条校）は多くの人にとって身近な存在である。一条校とは幼稚園、小学校、中学校、義務教育学校、高等学校、中等教育学校、特別支援学校、大学および高等専門学校の9種である。このうち、小学校、中学校、義務教育学校、中等教育学校の前期課程、特別支援学校の小学部・中学部が義務教育諸学校に含まれ、公立学校であれば、例えば公立義務教育諸学校の学級編制及び教職員定数の標準に関する法律（義務教育標準法）などの適用を受ける。また、学校教育法上は短期大学、大学院、専門職大学、専門職短期大学は一条校である大学の一形態であり、第9章大学（第83条〜）にその根拠を持っている。なお、学校教育法の中でも一条校以外の学校も存在し、専修学校（第124条〜）、各種学校（第134条）などがある。

　学校教育法は第二次世界大戦後の1947年に制定された。戦後教育改革の中で、従来の早い段階で進学する学校が分岐する複線型学校教育が見直され、比較的多数が共通した上位学校に進学する6・3・3制の単線型学校教育が確立した。新制大学についても1949年から開設されており、旧制大学だけでなく、旧制高校、旧制高等専門学校、医学専門学校、師範学校などが新制大学に移行した。その後、高等専門学校（1962年）、中等教育学校（1999年）、義務教育学校（2016年）が一条校として順次制度化されていった。なお、特別支援学校は従来の盲学校・聾学校・養護学校をまとめた学校種別で、2007年に制度化されたものだが、従来の盲学校・聾学校・養護学校も当然ながら特別支援学校の制度化以前から一条校と位置づけられていた。

政策動向

　義務教育については、教育基本法改正（2006年）にあたって年限が削除された（旧第4条）ことから将来的な義務教育年限の延長、飛び級などの可能性も想定されるが、現時点においては学校教育法第16条の定めにより9年の普通教育を受けさせることが保護者の義務である。

　学校教育法に関して、直近では専門職大学（2019年〜）、義務教育学校（一条校の新設、2016年〜）などが新設された。専門職大学は「深く専門の学芸を教授研究し、専門性が求められる職業を担うための実践的かつ応用的な能力を展開させることを目的とする」（第83条の2）大学であり、高度な実践力や豊かな創造力を持った人材の育成が期待されている（文部科学省「学校教育法の一部を改正する法律の概要【『専門職大学』『専門職短期大学』の制度化について】」より）。2022年5月時点で、専門職大学19校、専門職短期大学3校、大学の専門

学校教育法の構造図

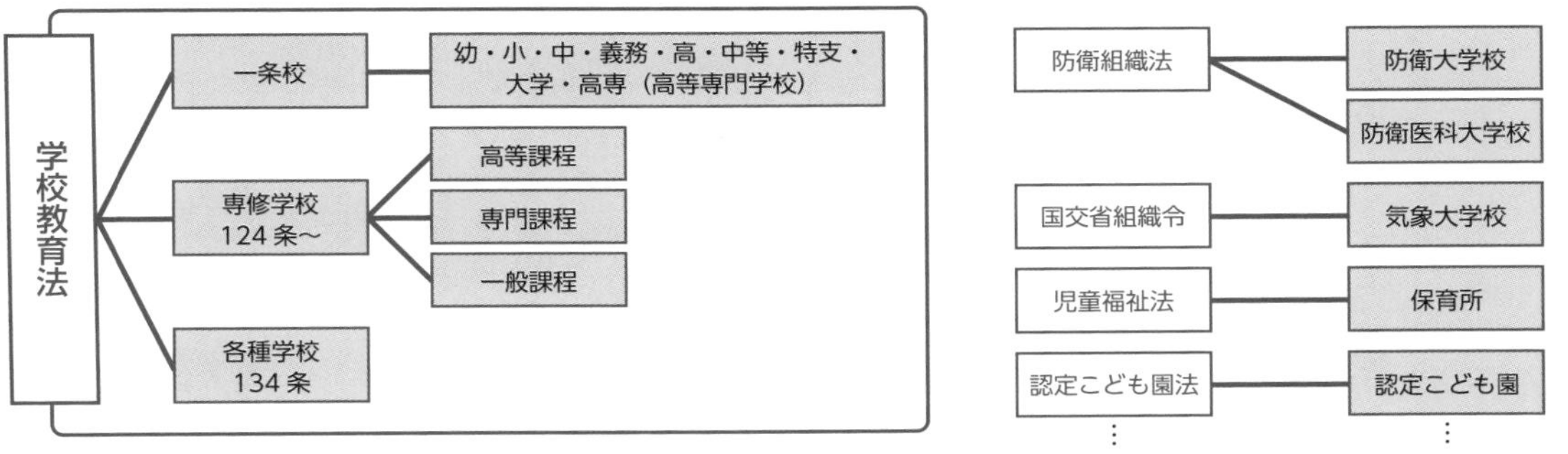

出典：著者作成

専門職大学等の制度化

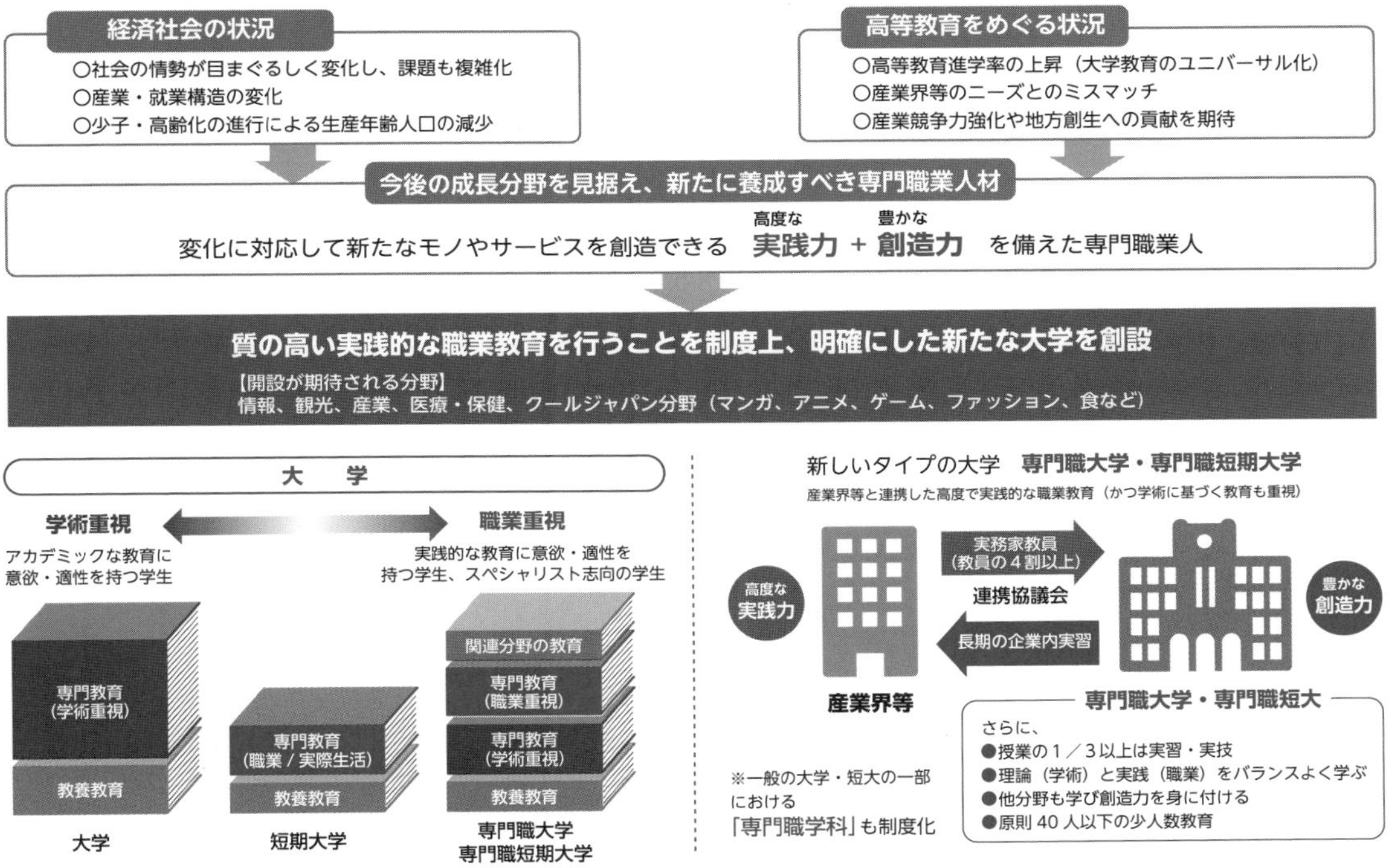

出典：文部科学省「専門職大学等の制度化」https://www.mext.go.jp/content/20210331-mxt_senmon01-100001385_01.pdf

職学科1学科が設置されている（文部科学省「専門職大学等一覧」より）。

義務教育学校は2016年度から新設された一条校で、普通義務教育の9年間を一貫した教育を行う。学年区分を見直すこと、9年間を一貫した教育でいわゆる「中一ギャップ」の課題を解消すること等の効果が期待される。義務教育学校は2022年5月時点で全国に178校が設置されている（分校含む、学校基本調査報告書より）。

学校制度は戦後改革で確立した6・3・3制の単線型学校制度を軸としつつ、高等専門学校や専門職大学のような高度な職業的専門性を備えた人材育成、あるいは中等教育学校や義務教育学校などのような学校種の連続化、など社会情勢の変化に応じて制度改革が実施されてきた。市民の高度な、多様な教育機会を求める傾向はなお拡大しており今後も学校制度の改革は継続していくだろう。

2 義務教育の規定と原則

教育を受ける権利と受けさせる義務

日本国憲法第26条は教育を受ける権利だけでなく、教育を受けさせる義務を国民に課しており（第2項前段）、この実現のために義務教育諸学校が設置されている。学校教育法第17条においては、保護者に小学校などの義務教育学校に通わせる義務を規定しているから、義務教育の義務は実質的に就学義務を課していることになる。

もっとも近年、子どもたちの多様な学びの機会を確保するために、義務教育の段階における普通教育に相当する教育の機会の確保等に関する法律（教育機会確保法、２０１６年）や指導要録上の出欠取扱いに関する通知（元文科初第６９８号）などにより、出席扱いに関する見直しが進んでいる。こうした、従来の学校という制度的な枠組みにとらわれない、新たな学びの場や機会が今後拡大していくだろう。

保護者に義務を課しただけで、学校がつくられなければ義務教育は成立しない。そこで、就学義務の実現のため、市町村は公立小中学校の、都道府県は特別支援学校の設置義務を負い、これらの学校を設置することが規定されている。子どもは「満6歳に達した日の翌日以後における最初の学年の初めから、満12歳に達した日の属する学年の終わり」および「満15歳に達した日の属する学年の終わり」（学校教育法第17条）までの9年間義務教育の学校に通うことになる。２００６年の教育基本法改正に際し、第4条に定められていた「9年の普通教育」の規定が削除されたため、現在では学校教育法（第16条）が義務教育の年限を定めている。義務教育諸学校では制度上原級留置（留年）も想定されているものの、運用上は年齢によって学年が上がる年齢主義がとられている。各学年で原級留置させる運用（課程主義の徹底）は、すべての国民に基礎基本の学力定着をめざす義務教育の性質からすれば、保護者や国民の理解を得ることが難しい（中央教育審議会初等中等教育分科会教育課程部会「教育課程部会における審議のまとめ」令和3年1月25日）。

学校教育法では第21条において10号にわたる義務教育の目標を定めている。「自主、自律及び協同の精神、規範意識、公正な判断力並びに公共の精神に基づき主体的に社会の形成に参画し、その発展に寄与する態度」（1号）、「我が国と郷土を愛する態度を養うとともに……他国を尊重し、国際社会の平和と発展に寄与する態度」（3号）、「生活に必要な国語」（5号）、「生活に必要な数量的な関係」（6号）、「生活にかかわる自然現象」（7号）、「職業についての基礎的な知識と技能」（10号）など多岐にわたる（いずれも抜粋）。義務教育の目標は多岐にわたるものの、義務教育諸学校で身につける能力は現代社会で生活する上で必須のものであり、義務教育は社会を担う市民を育成する極めて重要な役割を負っている。

日本の学校系統図

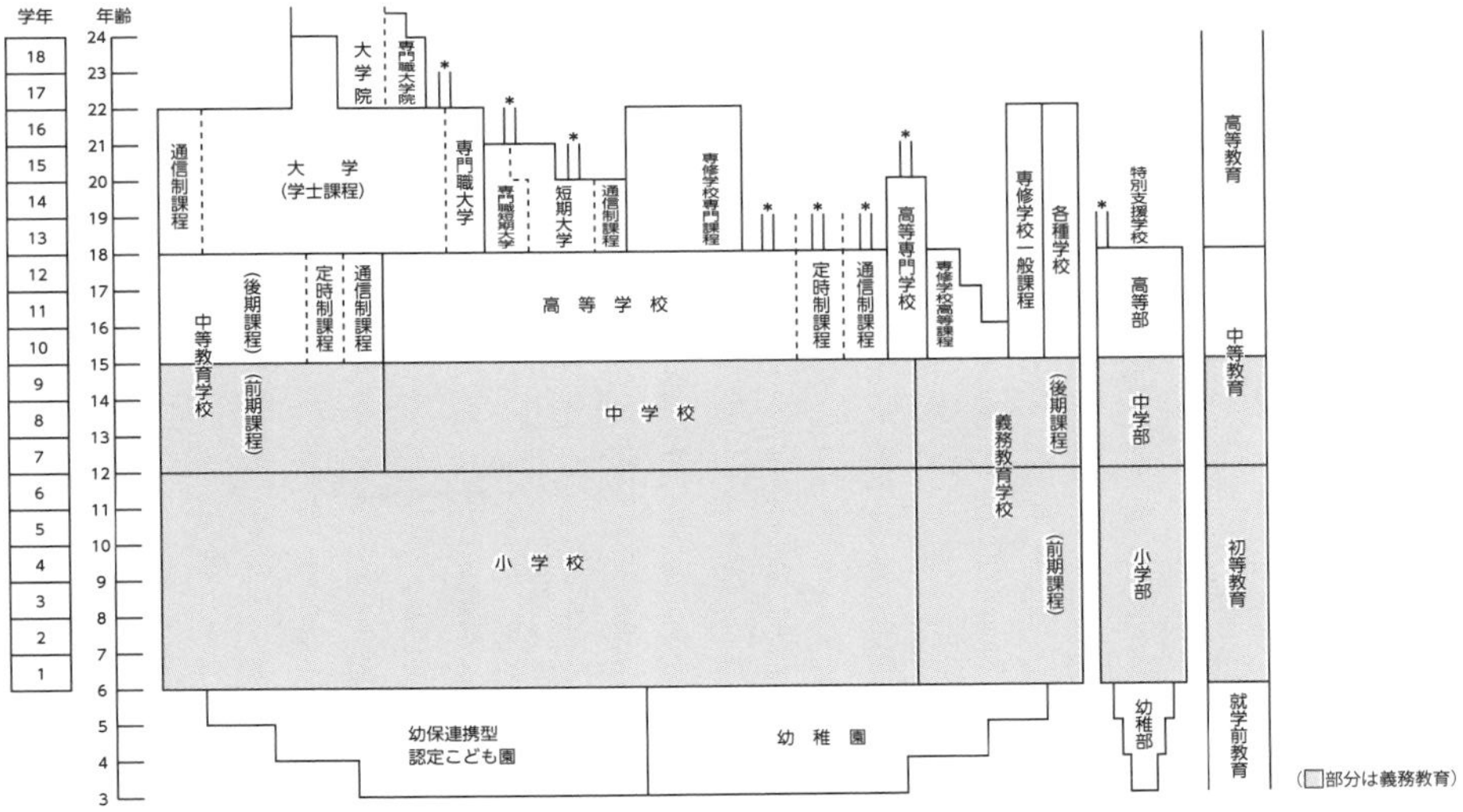

出典：文部科学省『諸外国の統計』令和３（2021）年版より抜粋
https://www.mext.go.jp/content/20210602170043-mxtchousa02-000015333_00.pdf

不登校児童生徒数の推移（1,000 人当たりの不登校児童生徒数）

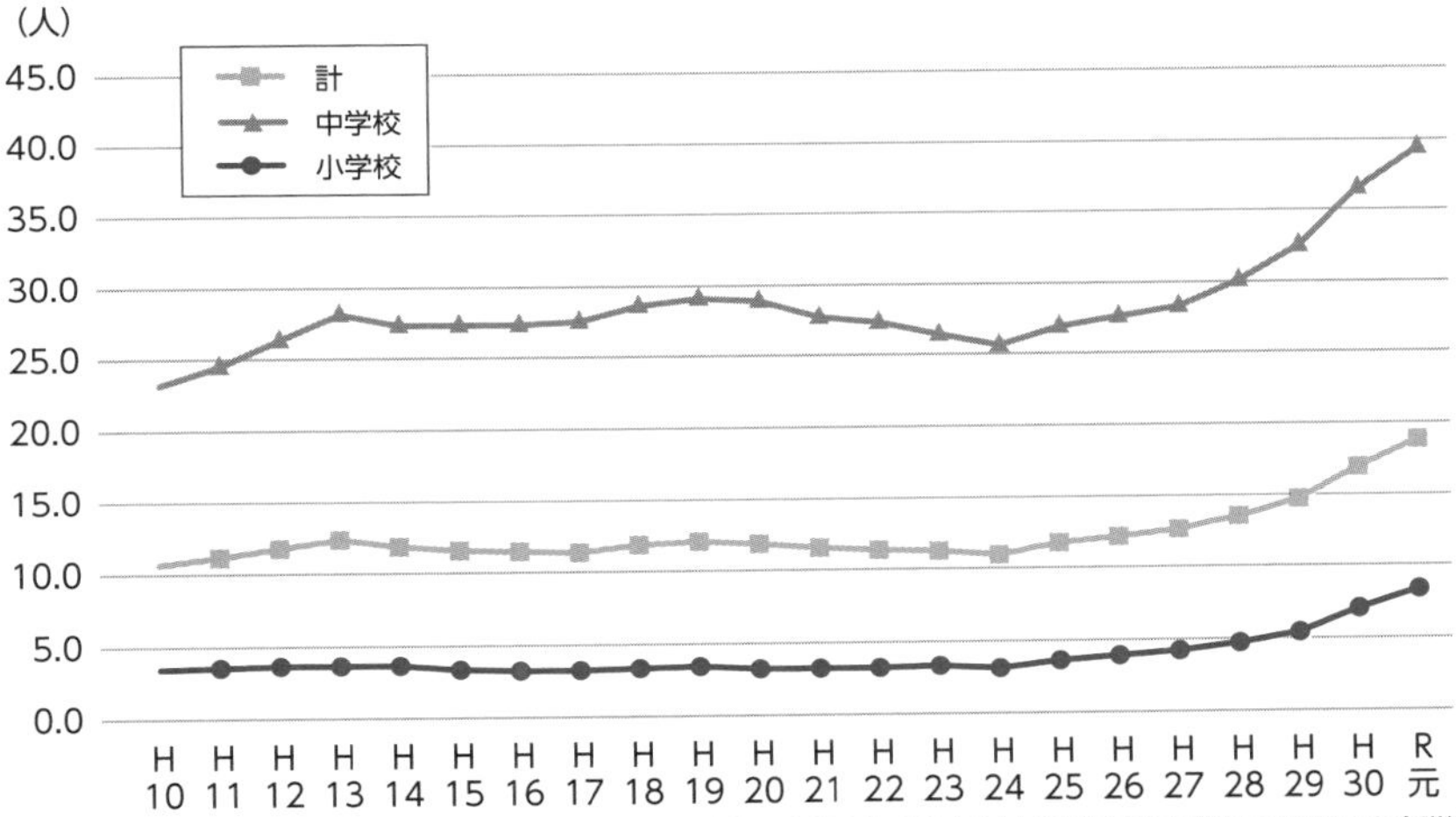

出典：文部科学省（2021）「文部科学省における不登校児童生徒への支援施策　令和３年 10 月６日不登校に関する調査研究協力者会議資料」より抜粋

不登校児童生徒への対応の充実

不登校に関する調査研究協力者会議は2021年10月から議論を進め、2022年6月に報告書を提出した。増え続ける不登校に対応するため、同報告書では「誰一人取り残されない学校づくり」「不登校傾向のある児童生徒に関する支援ニーズの早期把握」「不登校児童生徒の多様な教育機会の確保」「不登校児童生徒の社会的自立を目指した中長期的支援」の4点を挙げている。不登校を、単に学校制度からの逸脱と捉えるのではなく、環境によってはどんな子どもも不登校になり得ることを前提とする必要がある（同報告書）。もちろん、不登校にも多様な要因があり唯一解はないが、今より一層、フリースクールなどオルタナティブな教育機会が提供される必要があるし、学校と関係団体・機関が連携する必要があるだろう。

3 校長・副校長・教頭の資格と職務

学校教育法で定められた職務

校長は、「教育職員免許法による教諭の専修免許状又は一種免許状（高等学校及び中等教育学校の校長にあつては、専修免許状）を有し」なおかつ「『教育に関する職』に5年以上あったこと」、あるいは「教育に関する職に10年以上あったこと」と定められている（学校教育法施行規則第20条1号、2号）。また、地域や学校の実態に応じて、「学校の運営上特に必要」な際は教員免許状を有していなくても、「教育に関する職」の経験がなくとも、任命権者の判断により校長として任命・採用することができる（同施行規則第22条）。これは、2000年から登用可となったいわゆる「民間人校長」のことである。これらの校長の資格規定は、教頭（2006年から）・副校長（2008年から）にも準用されている（同施行規則第23条）。

校長・副校長・教頭のそれぞれの職務とそれに関する法的根拠は以下のとおりである。

【校長】…「校務をつかさどり、所属職員を監督する」（学校教育法第37条4項）

【副校長】…「校長を助け、命を受けて校務をつかさどる（学校教育法第37条5項）」こと（校長の補佐）と、「校長に事故があるときはその職務を代理し、校長が欠けたときはその職務を行う（同法同条6項）」こと（校長の職務代理・代行）の2点である。また「この場合において、副校長が二人以上あるときは、あらかじめ校長が定めた順序で、その職務を代理し、又は行う」と定められている（同法同条6項）。副校長は、2007年の学校教育法の改正により「置くことができる」ようになった新しい職位であり、校長とは異なり必置の職ではない。その有無は学校設置者の意思に委ねられている。また、「児童の教育をつかさどる」ことが職務に入っていないことが、教頭とは異なる。

【教頭】…「校長（副校長を置く小学校にあつては、校長及び副校長）を助け、校務を整理し、及び必要に応じ児童の教育をつかさどる」（学校教育法第37条7項）。そして、校長・副校長職務の代理・代行に関し、「教頭は、校長（副校長を置く小学校にあつては、校長及び副校長）に事故があるときは校長の職務を代理し、校長（副校長を置く小学校にあつては、校長及び副校長）が欠けたときは校長の職務を行う。この場合において、教頭が二人以上あるときは、あらかじめ校長が定めた順序で、校長の職務を代理し、又は行う」と定められており（同法同条8項）」、ただし、小・中学校においては、「副校長を置くときその他特別の事情のあるときは」、教頭は置かないことができるとされている（同法同条3項）。副校長との関係性では、「校長の補佐」「校長の職務代理・代行」という点では共通しているが、副校長は教頭が補佐すべき対象となっているという意味で、教頭の上司になるこ

■ 副校長と教頭の職務の差異

副校長	教頭
・校長（幼稚園においては、園長。以下同じ）から命を受けた範囲で校務の一部を自らの権限で処理することができる。 ・校長に事故があるときはその職務を代理し、校長が欠けたときはその職務を行う。 副校長・教頭の両方が配置されている場合は、副校長は教頭の上司 ・授業などの具体的教育活動を行い得る。ただし、副校長が児童生徒の教育をつかさどる場合には、各相当学校の教諭の相当免許状を有している必要がある。	・校長を助けることの一環として校務を整理するにとどまる。 ・校長（副校長を置く小学校では校長及び副校長）に事故があるときはその職務を代理し、校長（副校長を置く小学校では校長及び副校長）が欠けたときはその職務を行う。 ・必要に応じ、児童生徒の教育をつかさどる。 「児童の教育をつかさどる」については学校教育法第37条7項（教頭）については明記されているが同法同条5項（副校長）については記述はない。

文部科学省「学校教育法等の一部を改正する法律について（通知）」（2007年）をもとに作成

■ 女性管理職の配置状況（2022年4月1日現在）

	小学校					中学校 義務教育学校					高等学校 中等教育学校				
	校長	副校長	教頭	管理職全体	副校長・教頭	校長	副校長	教頭	管理職全体	副校長・教頭	校長	副校長	教頭	管理職全体	副校長・教頭
令和4年	25.2 (30.8)	34.2 (36.1)	30.9 (35.6)	28.2 (33.3)	31.2 (35.6)	9.8 (13.9)	18.3 (22.2)	17.6 (20.4)	13.9 (18.0)	17.6 (20.6)	9.3 (12.8)	13.6 (12.8)	13.6 (16.0)	11.9 (14.4)	13.6 (15.4)

	特別支援学校					合　計				
	校長	副校長	教頭	管理職全体	副校長・教頭	校長	副校長	教頭	管理職全体	副校長・教頭
令和4年	28.5 (32.1)	35.5 (37.1)	33.9 (37.6)	32.1 (35.6)	34.2 (37.5)	19.3 (24.5)	26.0 (26.9)	24.9 (28.6)	22.3 (26.7)	25.0 (28.4)

※（　）は新たに登用された者に占める女性の割合

文部科学省「令和３年度公立学校教職員の人事行政状況調査について」をもとに作成

とに留意したい。

女性管理職の配置割合は低い

我が国は女性活躍を謳っているが、女性の管理職（校長・副校長・教頭）の配置状況に着目すると（文部科学省「令和3年度公立学校教職員の人事行政状況調査について」）、1万5103人で前年比746人増加しているものの、割合でみると22・3％にとどまっており、依然として女性管理職の配置割合は低い状態となっている。さらに全校種副校長・教頭（25・0％）、全校種校長（19・3％）で全体的に副校長よりも校長がさらに低い割合となっている。

また、小学校校長（25・2％）に比べ、中学校・義務教育学校校長（9・8％）、高等学校・中等教育学校校長（9・3％）となっており、学校種の発達段階が高くなるほど女性管理職の割合が低くなるという傾向も顕著となっている。

参考文献　勝野正章・窪田眞二・今野健一・中嶋哲彦・野村武司『教育小六法 2023年版』（学陽書房）
窪田眞二・澤田千秋『学校の法律がこれ1冊でわかる 教育法規便覧 令和5年版』（学陽書房）
坂田仰・黒川雅子・河内祥子・山田知代『新訂第4版 図解・表解教育法規』（教育開発研究所）

4 主幹教諭・主任教諭・指導教諭の職務

学校におけるミドルリーダー

主幹教諭は、学校教育法第37条9項で、「校長（副校長を置く小学校にあっては、校長及び副校長）及び教頭を助け、命を受けて校務の一部を整理し、並びに児童の教育をつかさどる」と定められている。指導教諭については、同条10項で「児童の教育をつかさどり、並びに教諭その他の職員に対して、教育指導の改善及び充実のために必要な指導及び助言を行う」と定められている。２００８年４月より副校長とともに「置くことができる」ようになった。

【主任教諭と主任】…主任教諭は東京都教育委員会独自の「職」であり、「校務分掌などにおける学校運営上の重要な役割、指導・監督層である主幹教諭の補佐、同僚や若手職員への助言・支援などの役割を職務内容とする教員」である。教務主任や学年主任などのいわゆる主任制度における「主任」は、教諭をもって充てることができるため「職」ではない。

【主幹教諭】…管理職を助け、他の教員に指示をすることもできるミドルリーダーである。２０１９年１月に公表された中央教育審議会答申「新しい時代の教育に向けた持続可能な学校指導・運営体制の構築のための学校における働き方改革に関する総合的な方策について」では、目指すべき学校の組織運営体制の在り方の視点から、「経験豊富で専門性の高いミドルリーダーとしての主幹教諭の役割は大きく、主幹教諭の負担軽減措置を講じることにより、教師の適切な役割分担と連携の中で主幹教諭がその役割を十分に果たすことのできる環境整備が重要である」とし、「文部科学省は、主幹教諭の配置により副校長・教頭を含めた教師の業務負担が軽減された好事例・成果を収集・横展開し、主幹教諭の活用を促進していくべきである」と、主幹教諭に負担が集中しないための工夫についても言及している。学校組織体制の整備、管理職養成の両面から主幹教諭の配置のさらなる促進が期待される。

【指導教諭】…児童生徒の教育活動を実施しつつ、他の教員の教育指導の改善のために必要な指導、助言を行う教育活動のリーダーである。２０１５年12月に公表された中央教育審議会答申「チームとしての学校の在り方と今後の改善方策について」では配置の成果として「教職員の指導力の向上」、「指導体制、研究体制の充実」、「ＯＪＴ、校内研修の活性化や質の向上」が挙げられ、課題については「指導教諭の通常の授業時数が多く、期待される校務を処理できない」、「指導教諭の役割等について校内の理解が進んでいない」とする指摘が多いことが挙げられている。また、今後、アクティブ・ラーニングの視点を踏まえた不断の授業方法の見直しによる授業改善を進める上で大きな役割を果たすことが期待され、「学習指導や生徒指導等に優れた資質・能力を有している教員のキャリアパスとしても重要な意義があること

■ 主幹教諭と指導教諭

主幹教諭	指導教諭
命を受けて担当する校務について一定の責任を持って取りまとめ、整理し、他の教諭等に対して指示することができるものであること。	学校の教員として自ら授業を受け持ち、所属する学校の児童生徒等の実態等を踏まえ、他の教員に対して教育指導に関する指導、助言を行うものであること。

ちなみに主任と主任教諭とは

主任とは
教諭等をもって充てるものであり、その職務は、校長の監督を受け、担当する校務に関する事項について連絡調整及び指導、助言に当たるものであること。
主任教諭とは
東京都教育委員会独自の「職」。校務分掌などにおける学校運営上の重要な役割、指導・監督層である主幹教諭の補佐、同僚や若手職員への助言・支援などの役割を職務内容とする教員

ちなみに指導主事とは

指導主事とは
教育委員会事務局の職員として所管する学校全体の状況を踏まえ、各学校の校長や指導教諭も含めた教員を対象として、教育課程、学習指導その他学校教育に関する専門的事項について、指導、助言を行う。

文部科学省「学校教育法等の一部を改正する法律について（通知）」（2007年）をもとに作成

■ 公立学校における主幹教諭・指導教諭数（2022年4月1日現在）

	小学校	中学校・義務教育学校	高等学校・中等教育学校	特別支援学校	合計
主幹教諭	10,079	6,123	3,306	1,404	20,912
女性（内数）	4,578	1,739	615	633	7,565
割合（%）	45.4	28.4	18.6	45.1	36.2
指導教諭	1,288	700	540	167	2,695
女性（内数）	792	363	139	107	1,401
割合（%）	61.5	51.9	25.7	64.1	52.0
公立学校数（本校）	18,713	9,086	3,409	995	32,203

※公立学校数は「令和４年度学校基本調査速報」（令和４年５月１日現在）の数
※高等学校の公立学校数とは、全日制、定時制、通信制の独立校及びそれらいずれかの併設校の合計数

文部科学省「令和３年度公立学校教職員の人事行政状況調査について」をもとに作成

から、指導教諭の配置を促進していくことが重要」とされている。

重要性と期待が高まる

中央教育審議会答申『令和の日本型学校教育』の構築を目指して」（２０２１年）では「連携・分担による学校マネジメントを実現する」という視点から「主幹教諭、指導教諭をはじめ、経験豊富で専門性の高いミドルリーダーとなる教師がリーダーシップを発揮できるような組織運営を促進することを通じて、教師が子供としっかりと向き合い、教師本来の業務に専門性を発揮できるようにする」とされ、主幹教諭・指導教諭の重要性とその期待が指摘されている。令和４年度学校基本調査によれば、国公私立の小・中・義務教育学校合わせて、主幹教諭は２万９１２人、指導教諭は２６９５人が配置されている。配置開始から10年以上経過した現在も、特に指導教諭はその配置は十分とはいえない。

参考文献　勝野正章・窪田眞二・今野健一・中嶋哲彦・野村武司『教育小六法 2023年版』（学陽書房）
窪田眞二・澤田千秋『学校の法律がこれ１冊でわかる 教育法規便覧 令和５年版』（学陽書房）
坂田仰・黒川雅子・河内祥子・山田知代『新訂第４版 図解・表解教育法規』（教育開発研究所）

5 教諭・養護教諭・栄養教諭・司書教諭・事務職員の職務

教諭とは

「児童の教育をつかさどる」（学校教育法第37条11項）とあるように、その職務は授業を中心に児童生徒に対する教育を行うことである。児童生徒に直接的に関わる教育活動のほか、保護者対応や学校の管理運営上必要とされる校務分掌も担当する。教務主任・学年主任などの主任に充てられ、その職務を担うこともある。

養護教諭とは

「児童の養護をつかさどる」（学校教育法第37条12項）とあるように、児童生徒の心身の健康に関する事項に携わることを職務としている。また、原則として置かなければならないとされている。主な職務は、学校保健情報の把握、保健指導・保健学習、救急処置及び救急体制、健康相談活動、健康診断・健康相談、学校環境衛生の実施、学校保健に関する各種計画・活動及びそれらの運営への参画、感染症の予防、保健室の運営等である。

　学校保健安全法第9条では、養護教諭を中心に児童生徒の心身の状況を把握・指導するとともに、保護者に対して必要な助言をすることとされている。特に近年は「新型コロナ」に対する対策として、養護教諭の感染症予防が重要となった。

栄養教諭とは

　職務は、「児童の栄養の指導及び管理をつかさどる」（学校教育法第37条13項）とあるように、給食の栄養・衛生管理、食育を行うことであり、栄養に関する専門性だけでなく教育に関する資質も必要となる。「栄養教諭制度の概要」（文部科学省資料）では、栄養教諭の職務について⑴「食に関する指導」として①肥満、偏食、食物アレルギーなどの児童生徒に対する個別指導、②学級活動、教科、学校行事等の時間に、学級担任等と連携して、集団的な食に関する指導、③教職員や家庭・地域と連携した食に関する指導を推進するための連絡・調整の3つが挙げられている。また、⑵「学校給食の管理」として栄養管理、衛生管理、検食、物資管理等が挙げられている。２００５年度に制度化されたが、必置の職ではなく、学校設置者の判断となっている。現在も学校栄養職員のみを配置する自治体もあるが、食育のスペシャリストである栄養教諭への任用替えにシフトしている自治体もある。

司書教諭とは

　学校図書館法第5条1項では、「学校には、学校図書館の専門的職務を掌らせるため、司書教諭を置かなければならない」と定められている。２００３年以降、12学級以上の規模の学校では必置の職となっている。学校図書館ガイドライン（文部科学省、２０１６）では職務について、「学校図書館の専門的職務をつかさどり、学校図書館の運営に関する総括、学校経営方針・計画等に基づいた学校図書館を活用した教育活動の企画・実

■ 諸外国における教員の役割

	業務＼国名	アメリカ	イギリス	中国	シンガポール	フランス	ドイツ	日本	韓国
児童生徒の指導に関わる業務	登下校の時間の指導・見守り	×	×	×	×	×	×	△	×
	欠席児童への連絡	×	×	○	○	×	○	○	○
	朝のホームルーム	×	○	○	×	×	×	○	○
	教材購入の発注・事務処理	×	×	△	×	×	×	△	×
	成績情報管理	○	×	△	○	○	○	○	○
	教材準備（印刷や物品の準備）	○	×	○	○	○	○	○	○
	課題のある児童生徒への個別指導、補習指導	○	×	○	○	○	○	○	○
	体験活動の運営・準備	○	×	○	○	○	○	○	○
	給食・昼食時間の食育	×	×	×	×	×	×	○	○
	休み時間の指導	○	×	○	△	×	○	○	○
	校内清掃指導	×	×	○	×	×	×	○	○
	運動会、文化祭など	○	○	○	○	×	○	○	○
	運動会、文化祭などの運営・準備	○	○	○	○	×	○	○	○
	進路指導・相談	△	○	○	○	×	○	○	○
	健康・保健指導	×	×	○	○	○	○	△	○
	問題行動を起こした児童生徒への指導	△	○	○	○	○	×	○	○
	カウンセリング、心理的なケア	×	×	○	○	○	×	△	×
	授業に含まれないクラブ活動・部活動の指導	△	×	○	△	×	△	○	△
	児童会・生徒会指導	○	○	○	×	×	○	○	○
	教室環境の整理、備品管理	○	×	△	○	○	○	○	○
学校の運営に関わる業務	校内巡視、安全点検	×	×	○	×	×	○	△	×
	国や地方自治体の調査・統計への回答	×	×	△	×	×	○	△	×
	文書の受付・保管	×	×	△	×	×	○	△	×
	予算案の作成・執行	×	×	×	×	×	○	×	×
	施設管理・点検・修繕	×	×	△	×	×	×	×	×
	学納金の徴収	×	×	○	×	×	○	△	×
	教師の出張に関する書類の作成	×	×	△	×	×	○	×	×
	学校広報（ウェブサイト等）	×	×	△	×	×	○	○	×
	児童生徒の転入・転出関係事務	×	×	○	×	×	×	△	×
外部対応に関わる業務	家庭訪問	×	×	○	×	×	×	○	△
	地域行事への協力	○	○	△	×	○	×	△	△
	地域のボランティアとの連絡調整	×	×	△	×	×	○	△	×
	地域住民が参加した運営組織の運営	△	×	×	×	×	△	△	×

※教員の「担当とされているもの」に○を、「部分的にあるいは一部の教員が担当する場合があるもの」に△を、「担当ではないもの」に×を付けている。3か国以上の国で△または×が選択されている業務を色づけしている。全部で 40 業務設けたが、「出欠確認」、「授業」、「教材研究」、「体験活動」、「試験問題の作成、採点、評価」、「試験監督」、「避難訓練、学校安全指導」の、すべての国で「担当とされているもの」7項目は掲載していない。

学校組織全体の総合力を高める教職員配置とマネジメントに関する調査研究報告書（国立教育政策研究所、2017 年）より

施、年間読書指導計画・年間情報活用指導計画の立案、学校図書館に関する業務の連絡調整等に従事するよう努めること」、さらに、「学校図書館を活用した授業を実践するとともに、学校図書館を活用した授業における教育指導法や情報活用能力の育成等について積極的に他の教員に助言するよう努めること」と示されている。

事務職員とは

「事務をつかさどる」（学校教育法第37条14項）とあるように、学校の事務に関する職務を行う。中等教育学校、高等学校では必置の職である。学校の管理運営の全般にわたる諸種の事務に従事するものであり、庶務・人事・会計など多岐にわたる職務を担いつつ、教務関係等学校運営業務にも携わり、職務内容が多様化している。職務については自治体ごとに作成する「職務標準表」において示されるが、標準表の制定有無等や職務内容も自治体により異なる。

参考文献　勝野正章・窪田眞二・今野健一・中嶋哲彦・野村武司『教育小六法 2023 年版』（学陽書房）
窪田眞二・澤田千秋『学校の法律がこれ１冊でわかる 教育法規便覧 令和５年版』（学陽書房）
坂田仰・黒川雅子・河内祥子・山田知代『新訂第４版 図解・表解教育法規』（教育開発研究所）

6 スクールカウンセラー・スクールソーシャルワーカー・専門スタッフ

SCとSSWの役割

スクールカウンセラー（以下、SC）は、心理の専門家として児童生徒等へのカウンセリングや困難・ストレスへの対処方法に資する教育プログラムの実施を行うとともに、児童生徒等への対応について教職員、保護者への専門的な助言や援助、教職員のカウンセリング能力等の向上を図る研修を行っている専門職である（中央教育審議会答申「チームとしての学校の在り方と今後の改善方策について」２０１５年。以下、答申）。

文部科学省の調査によれば、SCの配置の主な成果として、「学校の教育相談体制の強化」や「不登校の改善」、「問題行動の未然防止、早期発見・早期対応」などが挙げられ、配置の拡充や資質の確保が望まれている。

スクールソーシャルワーカー（以下、SSW）は、福祉の専門家として、問題を抱える児童生徒等が置かれた環境への働きかけや関係機関等とのネットワークの構築・連携・調整、学校内におけるチーム体制の構築・支援などの役割を果たしている（答申）。活用状況としては、教育委員会に配置し、学校へ派遣を行う派遣型や学校等へ配置する配置型などがある。文部科学省の調査によれば、SSWの配置の主な成果として、「関係機関との連携の強化」や「ケース会議等により組織的な対応が可能となった」などが挙げられ、こちらも量的拡充・資質の確保が望まれている。

SC・SSWの配置の課題としては「勤務日数が限られており、柔軟な対応がしにくい」、「財政事情により配置や派遣の拡充が難しい」などが挙げられている。

教員以外の専門スタッフの参画

専門スタッフとは学校等において、子どもたちへの指導を充実するために、専門的な能力や経験等を生かして、教員と連携・分担し、教員とともに教育活動に当たる人材である。文部科学省は、答申で示された、「心理や福祉に関する支援」「授業等における教員への支援」「部活動における支援」「特別支援教育における支援」に区分された4分野の専門スタッフを配置するなどにより、チームとしての学校の体制を整備し、教職員一人一人が自らの専門性を発揮するとともに、各専門スタッフの参画を得て、課題の解決に求められる専門性や経験を補い、教育活動を充実していくこと、としている（総務省行政評価局「学校における専門スタッフ等の活用に関する調査〈結果に基づく勧告〉」２０２０年。以下、調査）。

調査では例として、ICT支援員（教員のICT活用能力の向上とICTを活用した授業の実施に寄与）、学校司書（担任教員とのティーム・ティーチングを行い、児童生徒が図書を選ぶ際の支援や授業までに必要な図書を準備）、スクール・サポート・スタッフ（教員の時間外勤務縮減の効果が見込まれそうな学校を選定し、優

■ スクールカウンセラーとスクールソーシャルワーカーの法規上の規定と職務内容

	スクールカウンセラー	スクールソーシャルワーカー
法規上の規定	学校教育法施行規則第65条の3 「スクールカウンセラーは、小学校における児童の心理に関する支援に従事する」	学校教育法施行規則第65条の4 「スクールソーシャルワーカーは、小学校における児童の福祉に関する支援に従事する」
資格	公認心理師、臨床心理士、精神科医、児童生徒の臨床心理に関して高度に専門的な知識及び経験を有した大学の学長、副学長、教授、准教授又は講師等の職にある者又はあった者	社会福祉士、精神保健福祉士。地域や学校の実情に応じて、福祉や教育の分野において、専門的な知識・技術を有する者又は活動経験の実績等がある者で、問題を抱える児童生徒が置かれた環境への働きかけ等の職務内容を適切に遂行できる者も可
職務	・児童生徒へのアセスメント活動 ・児童生徒や保護者へのカウンセリング活動 ・学校内におけるチーム体制の支援 ・保護者、教職員に対する支援・相談・情報提供 ・関係機関等の紹介 ・教職員などへの研修活動　など	・問題を抱える児童生徒が置かれた環境への働きかけ ・関係機関とのネットワークの構築・連携・調整 ・学校内におけるチーム体制の構築・支援 ・保護者、教職員に対する支援・相談・情報提供 ・教職員への研修活動　など

■ 教員以外の専門スタッフ

1　心理や福祉に関する専門スタッフ
　ア　スクールカウンセラー　イ　スクールソーシャルワーカー
2　授業等において教員を支援する専門スタッフ
　ア　ICT支援員　イ　学校司書　ウ　英語指導を行う外部人材と外国語指導助手（ALT）等
　エ　補習など、学校における教育活動を充実させるためのサポートスタッフ
3　部活動に関する専門スタッフ
　ア　部活動指導員（仮称）
4　特別支援教育に関する専門スタッフ
　ア　医療的ケアを行う看護師等　イ　特別支援教育支援員　ウ　言語聴覚士（ST）、作業療法士（OT）、理学療法士（PT）等の外部専門家　エ　就職支援コーディネーター

「チームとしての学校の在り方と今後の改善方策について」（中央教育審議会答申、2015年）より

先的にスクール・サポート・スタッフを配置）、理科の観察実験アシスタント、特別支援教育支援員（特別支援教育支援員が学校を巡回し、発達障害が疑われる児童生徒を医療につなげる取り組み）などが示されている。また、同調査では地方独自の専門スタッフの活用として、授業補助を行う専門スタッフの活用（日本人の小学校外国語活動支援員が、教材の作成等を補助し、教員と外国語指導助手「ＡＬＴ」との架け橋となる）、生徒指導業務を支援する専門スタッフの活用（学校だけでは対応が難しい暴力行為等の問題行動が発生している県内の小・中学校に、元警察官、元少年補導職員等を構成員とするスクールサポートチームを派遣）、学校の管理職の業務を支援する専門スタッフの活用（渉外、保護者対応、調査・報告、教職員の出勤管理など多岐にわたる小・中学校の副校長の校務を補佐する副校長校務支援員を配置）なども報告されている。

7 人事評価制度の実施

新たな人事評価制度

教員には他職種と異なる職務特性が指摘されるものの、公立学校教職員は地方公務員としての身分を有し、基本的には他の一般職地方公務員と同様に地方公務員法に基づく人事管理制度が適用される。かつて地方公務員法のもとでは、任命権者が職員の勤務成績を評定し、記録する（これをもとに適正な人事管理を図る）勤務評定制度が実施された。勤務評定は公立学校教職員等にも実施されたが、評定結果が公表されず教職員の処遇・指導育成等に活かし難いなど、その機能が課題視された。

このような課題意識から、２０００年を前後して公務員制度全般の改革として勤務評定の見直しが検討され、２００７年国家公務員法改正及び２０１４年地方公務員法改正を通じて、主体的能力開発の重視を主軸とする新たな人事評価制度が導入された。公立学校教職員の人事評価・人事管理の改革も学校教育の文脈を加味する形で同様に進められ、２０００年代半ば以降を中心に、多くの都道府県教育委員会において新たな人事評価制度が試行・実施された。

現行の地方公務員法第6条では、人事評価は「職員がその職務を遂行するに当たり発揮した能力及び挙げた業績を把握した上で行われる勤務成績の評価」と定義される。この定義に沿って、人事評価制度では、職員が職務遂行に当たり発揮した能力の実証・評価（能力評価）、職務遂行で挙げた業績の実証・評価（業績評価）が行われることになる。

そして同法は、任命権者が、評価の基準・方法等を定めたうえで定期的に職員の人事評価を行わなければならないこと（第23条の2第1・2項）、そして人事評価を任用、給与、分限その他の人事管理の基礎として活用すること（第23条2項）等について規定している。さらに人事評価の実施と関わっては、任命権者に職種・職制上の段階の標準的な職の職務遂行にかかる「標準職務遂行能力」（第15条の2第1項第5号）策定を求めるとともに、人事評価制度の一連の過程を通じて職員の効果的・主体的な能力開発につながるように努めること等の留意点が示されており（２０１４年8月15日総務省自治行政局長通知）、人事評価制度において能力本位かつ人材養成の要素が重視されていることがわかる。

なお、市（政令指定都市を除く）町村立小・中学校等の教職員の大半を占める県費負担教職員の任命権者は都道府県教育委員会であるが、これら県費負担教職員の人事評価については、都道府県教育委員会の計画のもと、市町村教育委員会が行うことになっている（地方教育行政の組織及び運営に関する法律第44条）。

目標管理制度の導入も

教員人事評価制度の具体的内容は各都道府県等で多様性を帯びるが、枠組みにおいては共通する点もみられる。

■ 公立学校の教員人事評価制度に関する法規上の規定

地方公務員法

第15条　職員の任用は、この法律の定めるところにより、受験成績、人事評価その他の能力の実証に基づいて行わなければならない。
第23条第1項　職員の人事評価は、公正に行われなければならない。
同第2項　任命権者は、人事評価を任用、給与、分限その他の人事管理の基礎として活用するものとする。
第23条の2第1項　職員の執務については、その任命権者は、定期的に人事評価を行わなければならない。
同第2項　人事評価の基準及び方法に関する事項その他人事評価に関し必要な事項は、任命権者が定める。
第23条の3　任命権者は、前条第1項の人事評価の結果に応じた措置を講じなければならない。

地方教育行政の組織及び運営に関する法律

第44条　県費負担教職員の人事評価は、地方公務員法第23条の2第1項の規定にかかわらず、都道府県委員会の計画の下に、市町村委員会が行うものとする。

■ 能力評価と業績評価

能力評価

●職員が職務を遂行するにあたり発揮した能力を把握
●項目例：責任感、連携・協働姿勢、リーダーシップ（管理職）、知識・技能、企画・計画力、判断力、規律性　など

業績評価

●職員が果たすべき職務をどの程度達成したかという業績を把握
●項目例：教育成果、工夫改善、効率性、指導育成実績（管理職）　など

文部科学省総合教育政策局教育人材政策課「教師の資質能力向上に関する参考資料」（2020年2月）をもとに作成

■ 教諭等に対する人事評価結果の活用（2021年度状況）

昇任	昇給・降給	勤勉手当	免職・降任	配置転換	研修	人材育成・能力開発・資質向上
41（県市）	59	59	23	24	32	49

※調査対象：47都道府県・20政令指定都市教育委員会

文部科学省「令和3年度公立学校教職員の人事行政状況調査について」（2022年12月）をもとに作成

例えば、教諭等の「評価者」として所属校の管理職等の指定、評価者による「授業観察」及び定期的「評価者面談」の実施、評価結果開示・苦情相談の手続きは大半の県市で設定されている（文部科学省「平成28年度公立学校教職員の人事行政状況調査について」2017年12月）。また、特に業績評価については、各教諭等が所属校の目標・方針等を踏まえた自己目標を予め設定・申告し、自己評価及び評価者による評価を行う「目標管理制度」を導入する県市が多い。この場合、評価者との面談機会が定期的に設定され、自己目標シートを媒介した指導助言が行われる。

評価結果の活用状況は、上掲の表のとおりであり、活用しない県市はみられない。活用幅については県市間での多様性が推察されるが、研修や人材育成、そして2014年地方公務員法改正以後大きく伸びた昇給・勤勉手当への反映は共通化しつつあると言える。

8 学級編制と少人数学級の実施

1学級35人に引き下げ

学級編制とは、学校において児童生徒を一定人数で分割組織することである。小学校設置基準第4条および中学校設置基準第4条によると、1学級の児童生徒数は「法令に特別の定めがある場合を除き、40人以下とする」となっており、ただし、「特別の事情があり、かつ、教育上支障がない場合は、この限りでない」とされている。2021年4月1日に施行の「公立義務教育諸学校の学級編制及び教職員定数の標準に関する法律」（以下、標準法）の一部改正により、公立の小学校では1学級あたりの児童数の標準は35人に引き下げられたが（第1学年は以前から35人）、中学校では40人のままである。

また、学級は原則同学年の児童生徒で編制するものとされている（標準法第3条）が、特別の事情がある場合においては数学年の児童生徒を1学級に編制することができる（小学校設置基準・中学校設置基準ともに第5条）となっている。複式学級（2学年以上で編制する学級）の場合は、小学校16人（小学校1年生を含む場合は8人）、中学校は8人、特別支援学級は小・中学校ともに8人、特別支援学校は小学部・中学部ともに6人（重複障害の場合は3人）が標準、とされている。都道府県または市町村の設置する義務教育諸学校の学級編制は、国の標準を超えない範囲で都道府県が定める基準を標準として、当該学校を設置する教育委員会が、児童生徒の実態を考慮して行い（標準法第4条）、また、指定都市の義務教育諸学校の学級編制は、標準法に定める児童生徒数を標準として、指定都市の教育委員会が児童生徒の実態を考慮して行う（同法第4条2項）ことになっている。このように、都道府県および市町村においては、国の標準を下回る学級編制を行うことができるようになっている。

学級数の標準と実際

小・中学校の学級数は、「12学級以上18学級以下を標準とする」（学校教育法施行規則第41条、第79条）、また、義務教育学校は、「18学級以上27学級以下を標準とする」（同第79条の3）とされている。ただし、「地域の実態その他により特別の事情のあるときは、この限りでない」とも規定されている。義務教育諸学校等の施設費の国庫負担等に関する法律施行令第4条でも適正な学校規模の条件として、「学級数が、小学校及び中学校にあってはおおむね12学級から18学級まで、義務教育学校にあってはおおむね18学級から27学級までであること」、小規模校を統合する場合は、小・中学校では12学級から24学級、義務教育学校の場合は18学級から36学級が、各々適正な規模とされている。しかし、公立小学校・中学校において標準規模の学校は半分にも至らないのが現状である。

2021年3月31日、標準法の一部を改正する法律案が参議院本

■ 公立義務教育諸学校の学級編制の標準

学校の種類	学級編制の区分	1学級の児童又は生徒の数
小学校（義務教育学校の前期課程を含む）	同学年の児童で編制する学級 二の学年（複式）の児童で編制する学級 特別支援学級	35人 16人（第1学年の児童を含む学級は8人） 8人
中学校（義務教育学校の後期課程及び中等教育学校の前期課程を含む）	同学年の生徒で編制する学級 二の学年（複式）の生徒で編制する学級 特別支援学級	40人 8人 8人
特別支援学校 小学部、中学部	重複障害なし 障害を二以上併せ有する（重複障害）児童又は生徒で学級を編制する場合	6人 3人

都道府県の教育委員会の判断で、この標準を下回る数を、学級編制の基準として設定が可能

都道府県教育委員会は国の定める「標準」をもとに基準設定

⬇

市町村教育委員会は都道府県の定める「基準」をもとに市町村の地域や学校の実態に合わせて学級編制を実施
（※指定都市は、国の定める「標準」をもとに学校の実態に応じて学級編制を実施）

「公立義務教育諸学校の学級編制及び教職員定数の標準に関する法律」をもとに作成

■ 公立義務教育諸学校の学級編制及び教職員定数の標準に関する法律の一部を改正する法律の概要

1. 趣旨：少人数学級の整備で実現したい指導体制と学び

【少人数学級とICT活用を両輪とした新時代の学び】

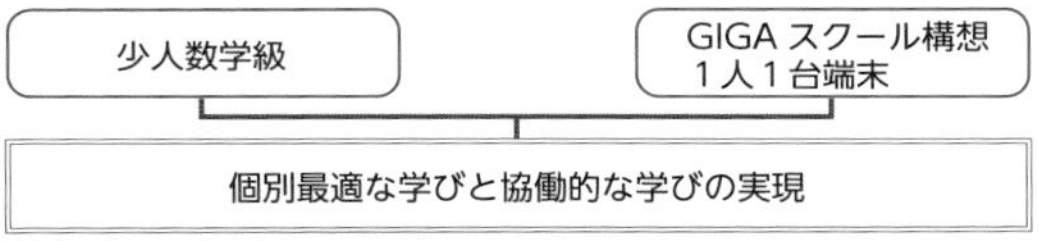

※義務教育学校の前期課程を含む。

【個別最適な学びと協働的な学び】

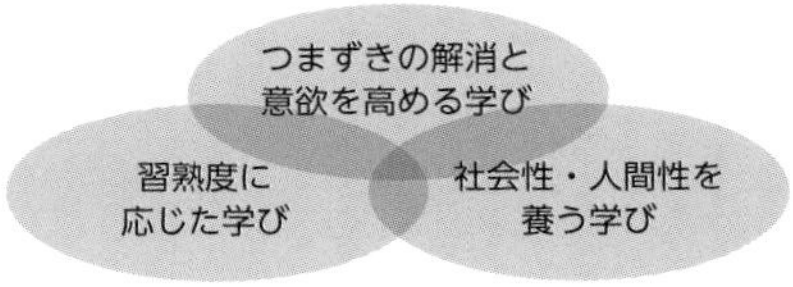

2. 概要

⑴学級編制の標準の引下げ　小学校の学級編制の標準を40人（第1学年は35人）から35人に引き下げる【第3条第2項関係】。

⑵少人数学級の計画的な整備（経過措置規定）【附則第2条第1項関係】

ⅰ　上記（2）について下表のとおり、小学校第2学年から学年進行により段階的に学級編制の標準を引き下げる。

年度	R3	R4	R5	R6	R7
学年	小2	小3	小4	小5	小6

ⅱ　計画の実施に当たり、学級数の増加に伴い教室不足が生じ、施設整備に一定期間を要するなど、特別の事情がある場合には、各地方公共団体がその実情に応じて対応できるよう措置する。

文部科学省「公立義務教育諸学校の学級編制及び教職員定数の標準に関する法律の一部を改正する法律案の概要」(2021年3月更新)をもとに作成

会議において、全会一致で可決、成立した。その趣旨は「Society5・0時代の到来や子供たちの多様化の一層の進展、今般の新型コロナウイルス感染症の発生等も踏まえ、GIGAスクール構想によるICT等を活用した個別最適な学びと協働的な学びを実現するとともに、今後どのような状況においても子供たちの学びを実現することが不可欠」であり、小学校（義務教育学校の前期課程を含む）の学級編制の標準を5年間かけて計画的に40人（小学校第1学年は35人）から35人に引き下げるものである。少人数学級の実現は、教育現場からの強い要望の一つであり、学級編制の標準を引き下げるのは1980年以来のことであった。

ただ、昨今は教員の大量退職の時代であるにもかかわらず教員採用試験の倍率が年々低下している状態であり、少人数学級の実施に伴う、教員の質と数の担保が課題となるであろう。

参考文献　勝野正章・窪田眞二・今野健一・中嶋哲彦・野村武司『教育小六法 2023年版』（学陽書房）
窪田眞二・澤田千秋『学校の法律がこれ1冊でわかる 教育法規便覧 令和5年版』（学陽書房）

9 教職員配置と人事異動

都道府県教育委員会が任命

教職員は一定の赴任期間を経て、任命権者（都道府県教育委員会）の異動発令により、次の学校や機関で勤務する。このことを通常「人事異動」という。人事異動は研修の意味をもつ。学校を異動することで、これまでの学校と違う組織、仕組み、校種（校種間異動の制度は都道府県に違いがある）、児童や生徒たち、学校組織、教職員、風土などの環境下、新たな勤務経験を積み、教職員として成長することが期待されるからだ。

人事異動の法的根拠は、地方教育行政の組織及び運営に関する法律第37条任命権者（以下、地教行法と記述）の規定にある。市町村立学校職員給与負担法に規定された「県費負担教職員」の任命権は、都道府県教育委員会に属する。

法律上、校長が県費負担教職員である所属教職員の進退に関する意見の申出を市町村教育委員会に行う（地教行法第39条）。都道府県教育委員会は市町村教育委員会の内申を待って、県費負担教職員の任免を行う（地教行法第38条1項）。これらの経過を経て、都道府県教育委員会は、県費負担教職員の任免その他の進退に関して4月1日付けで発令する。

校長が教育委員会に具申

次に、人事異動とそれに関わる校長の動向や所属教職員の進退に関する意見の申出（具申ともいう）までの1年間を考える。

人事異動では、3月中に異動対象の教職員に内示が出され、次年度の校内体制の確立に向けた準備が始まる。

4月1日以降、学級数に応じた教職員の配置人数（定数）、加配が確定し、臨時講師、非常勤講師等の配置も決定する。以後、人事異動してきた教職員の定着状況の確認が当初の課題となる。

この時期には人事評価の校長の当初面談が始まり、教職員は勤務への思いを述べ、校長の励ましや意見の交流を経て1年間の目標を設定する。教職員は目標達成に向けて、自律的に目標管理を行い、能力を発揮し自身の成長と組織の活性化に努める。また、免許更新制度に代わる新しい研修制度で自己をどのように伸長させるのかも話し合う。

6月以降になると、学校組織に新しく異動してきた人材が溶け込み、定着し、活性化し始める。人事異動は、教職員個人と組織の双方にとって、新しい可能性を開く貴重な機会でなければならない。

並行して人事主事や地方事務所等の次年度に向けての訪問や聞き取りが始まる。校長は、年度当初決定した組織を十分機能させて学校経営に努める。同時に、校長は多くの観点から、自校にとって望ましい活気ある組織にするために、職員構成はどうあるべきか、長期的展望をもって教職員を観察し現状分析する。以後、数か月をかけて個々の成長が組織力につながるよう、現状を踏まえつつ次年度の人事構想を熟考する。

■ 教職員の任命権～人事と配置～
都道府県教育委員会と市町村教育委員会、校長の関係

1.

市町村立学校の教職員の任命権者 …… 地方教育行政の組織及び運営に関する法律第37条

‖　　➡ 県費負担教職員の任命権は都道府県教育委員会に属する

人事権　　都道府県教育委員会 ⬅(内申) 市町村教育委員会 ⬅(具申) 校長

※教育事務所等を設置して人事関係事務を行う都道府県があります。

※校長は、年間を通して情報交換など人事関係事務を行います。

市町村立学校の教職員の服務監督権 …… 地方教育行政の組織及び運営に関する法律第43条

➡ 市町村教育委員会は、県費負担教職員の服務を監督する

2.

県費負担教職員とは …… 市町村立学校職員給与負担法第1、2条で規定

市町村立の小学校、中学校、義務教育学校、中等教育学校の前期課程及び特別支援学校の校長、副校長、教頭、主幹教諭、指導教諭、教諭、養護教諭、栄養教諭、助教諭、養護助教諭、寄宿舎指導員、講師、学校栄養職員及び事務職員等

第3条……前二条に規定する職員の給料その他の給与については都道府県の条例で定める。

3. 校長が掌握すべき人事管理の内容

異動対象者の確認、学級増減、新設、廃級、次年度の人事構想、個人事情、指導力、新研修制度での資質向上、望まれる研修内容、人間関係、健康状態、家庭事情、事故の有無、通勤距離、本人の強み確認と伸長、弱みの克服、定年延長後の働き方、力が発揮できる環境、配慮事項の確認など

おおむね12月末から1月初めに、校長は教職員の人事異動希望を集約し、次年度の具体的な校内体制案を練り、教育委員会への具申の準備を行い、個人面談が始まる。

校長が掌握すべき人事管理の内容は、異動対象者の確認、学級増減、新設、廃級、次年度の人事構想、個人事情、配慮事項の確認など（図表3参照）、すべて重要な情報である。2023年度以降、定年延長制度が導入され、60歳以降の働き方、どのような校務で実力を発揮したいのか個人の希望を把握する必要がある。その上で、任命権者が定める人事異動方針に基づき、市町村教育委員会に意見を具申する。重要なのは人を活かし組織の発展に結びつく具申であることである。

次に、市町村教育委員会は、全体構想、管理職配置、バランス、補強ポイントなどを考慮して任命権者に内申する。任命権者はその内容を真摯に受け止め任免と人事配置を行うのである。

10 教育行政における国・都道府県・市町村の関係

国と地方の関係とは

　国（中央政府）と都道府県・市町村（地方政府）の関係は政府間関係、あるいは中央地方関係という。教育行政に関しては、中央省庁である文部科学省・都道府県教育委員会・市町村教育委員会の関係がメインルートではあるが、他省庁や地方政府内の他の部局など教育行政以外の行政機関、政治家、利益団体など多様な利害関係者を含む政府間関係が存在しており、文部科学行政のみが教育行政の政府間関係を構成するわけではない。ただし、とりわけ学校教育に関しては、文部科学省、教育委員会など教育行政機関の連携が政府間関係の中心であることも間違いないため、ここでは文部科学省・都道府県教育委員会・市町村教育委員会を扱うことにする。

　文部科学省は中央政府の教育行政機関であり、学校教育にとどまらず、生涯教育行政、科学技術行政などを広く担う。都道府県教育委員会も同じく幅広い教育関連の行政を扱っているが、高等学校や特別支援学校の大部分を設置し、特別支援学校については設置義務も負っている。市町村教育委員会の扱う行政の範囲も、文部科学省や都道府県教育委員会に準じるが、公立の義務教育諸学校のうち、小学校や中学校などの国民の多くが通う学校の設置義務を負っている点が重要である。市町村は義務教育機会を確保する責任を負っており、義務教育という行政サービスの提供者であることの責任を果たす必要がある。

教育行政に関する政府間の関係

　文部科学省は中央省庁として、全国的な教育関連政策を立案実施している。文部科学省や国が直接に設置したり管理したりする学校は、大学などの高等教育機関（とその附属学校）にほぼ限られるが、初等・中等教育段階でも公立の義務教育諸学校の教員給与や諸国庫支出金等を通じた財政面、初等・中等教育段階の教育課程や学校設置に関する諸規定など法令およびその運用面で大きな役割を担う。こうした、財政や諸規定を通じた関わりは時に、都道府県や市町村の教育政策・行政を拘束することもあり、地方政府に与える影響力という意味でも文部科学省の権限は大きい。また、就学前教育についても厚生労働省や内閣府と連携しつつ、中央省庁としての役割を果たしている。

　都道府県教育委員会は、高等学校や特別支援学校の設置と管理、公立義務教育諸学校の人事権と給与負担を担うため、これらを通じて小中学校や市町村教育委員会との関係を持っている。なお、政令指定都市教育委員会は人事や給与負担については都道府県教育委員会と同様の権限を持つ。

　教員としての経験を持つ職員が（多くは教員としてのキャリアの途中にある職員）、指導主事として都道府県教育委員会に在籍し、教員の指導助言に当たる。多くの都道府県では域内をいくつかに分

教育行政の関係図

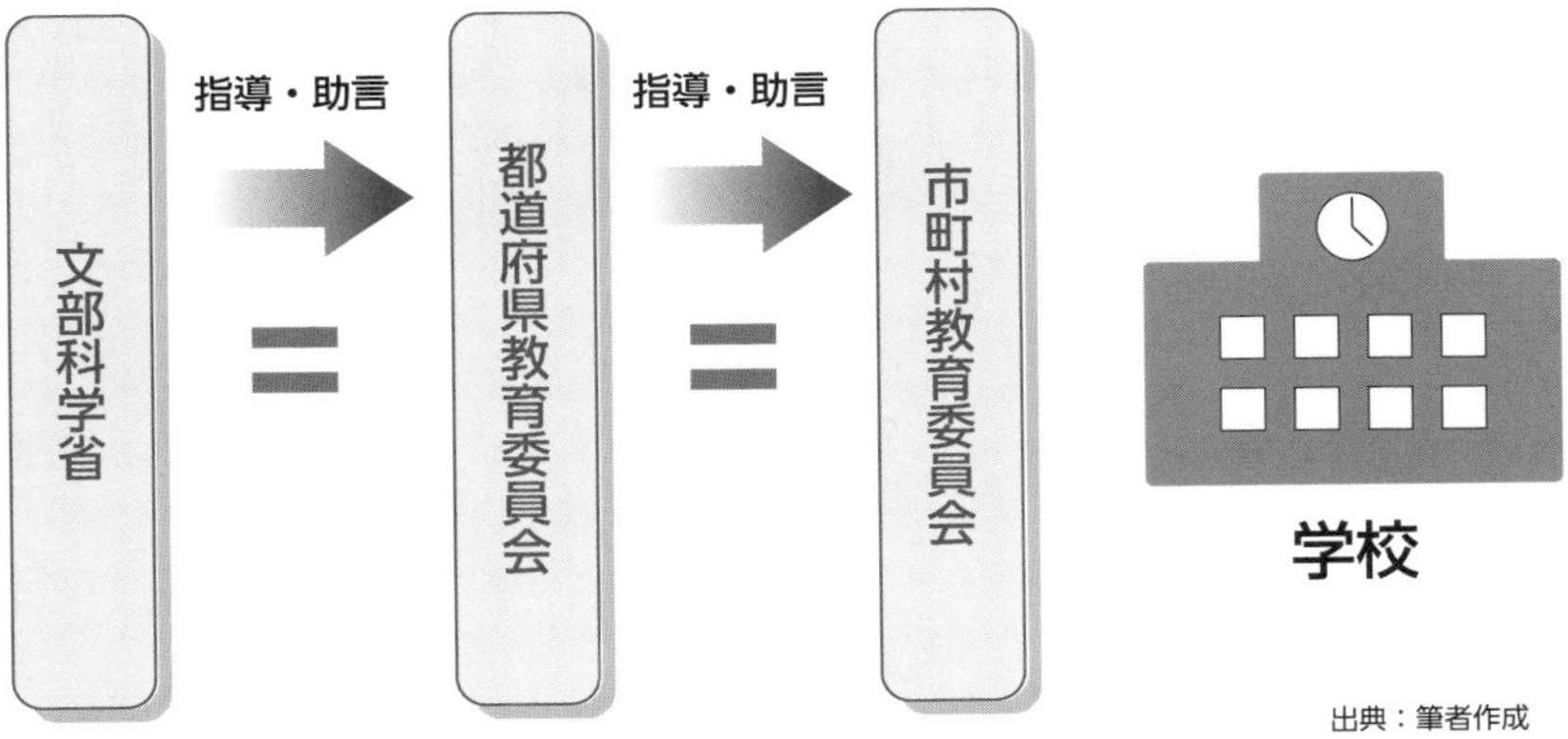

出典：筆者作成

教育行政に関する政府間関係図

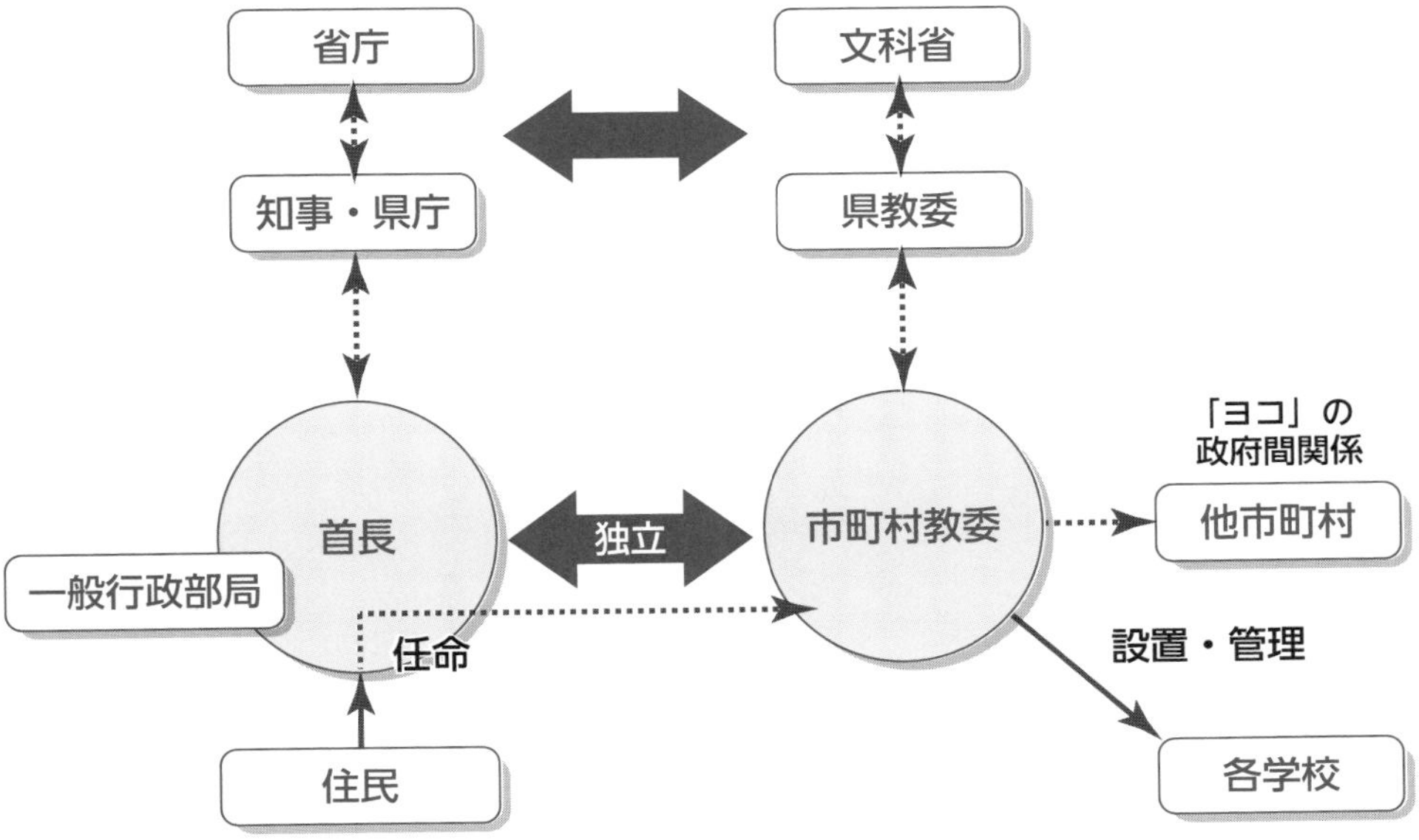

出典：阿内（2021：20）より一部抜粋。　阿内春生（2021）『教育政策決定における地方議会の役割ー市町村の教員任用を中心として』早稲田大学出版部

けた範囲の指導や人事、社会教育などを担う「教育事務所」を設置している。市町村教育委員会は公立小中学校の設置、管理監督を担うが、前述の通り公立義務教育諸学校の人事権・給与負担権は原則として都道府県教育委員会が保持しているため、学校の管理監督、教員の日常的な業務の管理が中心業務となる。指導主事は市町村教育委員会に在籍する場合もある。

　このように、学校に関する行政を見ても、教育行政に関する政府間関係は分担と協力の体制が敷かれており、学校現場に近い市町村、中間的な都道府県、政策的な誘導等を行う文部科学省、それぞれが自らの業務の範囲内でかつ、連携しながら行政の活動に当たっている。ただし、こうした重層的な教育行政機関の構造の中で、市町村や都道府県教育委員会が完全に自律的な政策形成・決定が可能とは言い切れないため、分担と協力の関係には一定の留保が必要である。

11 教育委員会と学校の関係

教育委員会の業務

市町村・都道府県には地方自治法上の行政委員会の一つである教育委員会が設置される（地方自治法第180条の8）。教育委員会は執行機関であり、市町村・都道府県内において、首長やその他の行政委員会とともに「……地方公共団体の事務を、自らの判断と責任において、誠実に管理し及び執行する義務を負う」（地方自治法第138条の2）。地方自治体において学校に関する事務を管轄するのが教育委員会である。

学校はその設置者である地方自治体の教育委員会の管理に服するが、ここでは特に施設設備、教員の研修・服務管理、および授業等の指導助言について述べておこう。

まず、公立学校の施設、土地等の財産は公立学校の設置者である地方自治体の所有であることが原則である（公有財産、地方自治法第238条）。故に教育委員会が日常的に管理するのは物品等に限られる。学校の物品など管理については各地方自治体の規定があり、学校の自律的な意思決定にはおのずと制限がある。例えば、「○○万円以上の物品調達には教育委員会の決裁が必要」といった調達の金額や目的などに関する制限である。こうした制限の中で、日常的な物品の購入や管理を各学校が担う。物品購入・施設設備の修繕など、日常的な学校での予算管理の実務は学校事務職員が担当し、学校の管理職や教育委員会との連携のもとにそれらの管理が行われている。

次に教員の研修や服務管理についてである。教員の人事権を都道府県教育委員会が持っていることは前述「10」の通りであり、教員の研修などは都道府県教育委員会、政令指定都市教育委員会、中核市教育委員会が実施する（※）。市町村教育委員会や学校も独自の研修や、校内研修などを企画・実施できるが、初任者研修などの法定研修については権限を持っていない。公立学校に勤務する教職員の身分は設置する地方自治体職員となるため、服務管理は学校を設置する地方自治体の教育委員会が行う。近年、学校の働き方改革に関する議論が進められてきているが、教員の勤務時間の把握や業務量の削減など、公立小中学校の大部分を設置する市町村教育委員会が果たす役割は大きい。

指導助言を行う職員の配置状況とその役割

教員の服務管理以外にも、教育委員会には指導主事などの教員の授業や学級経営、学校経営などについて指導助言を行う職員が在籍する場合がある。文部科学省が実施する令和3年度教育行政調査によれば、人口5000人未満の規模の小さな自治体にあっては、指導主事の配置率が30・7％にとどまるなどまだ課題はあるものの、5000～8000人未満の自治体では61・5％、10万～30万人未満の自治体では100％になるなど、人口規模が大きくなると指導

■ 地方自治体の仕事と関連する執行機関

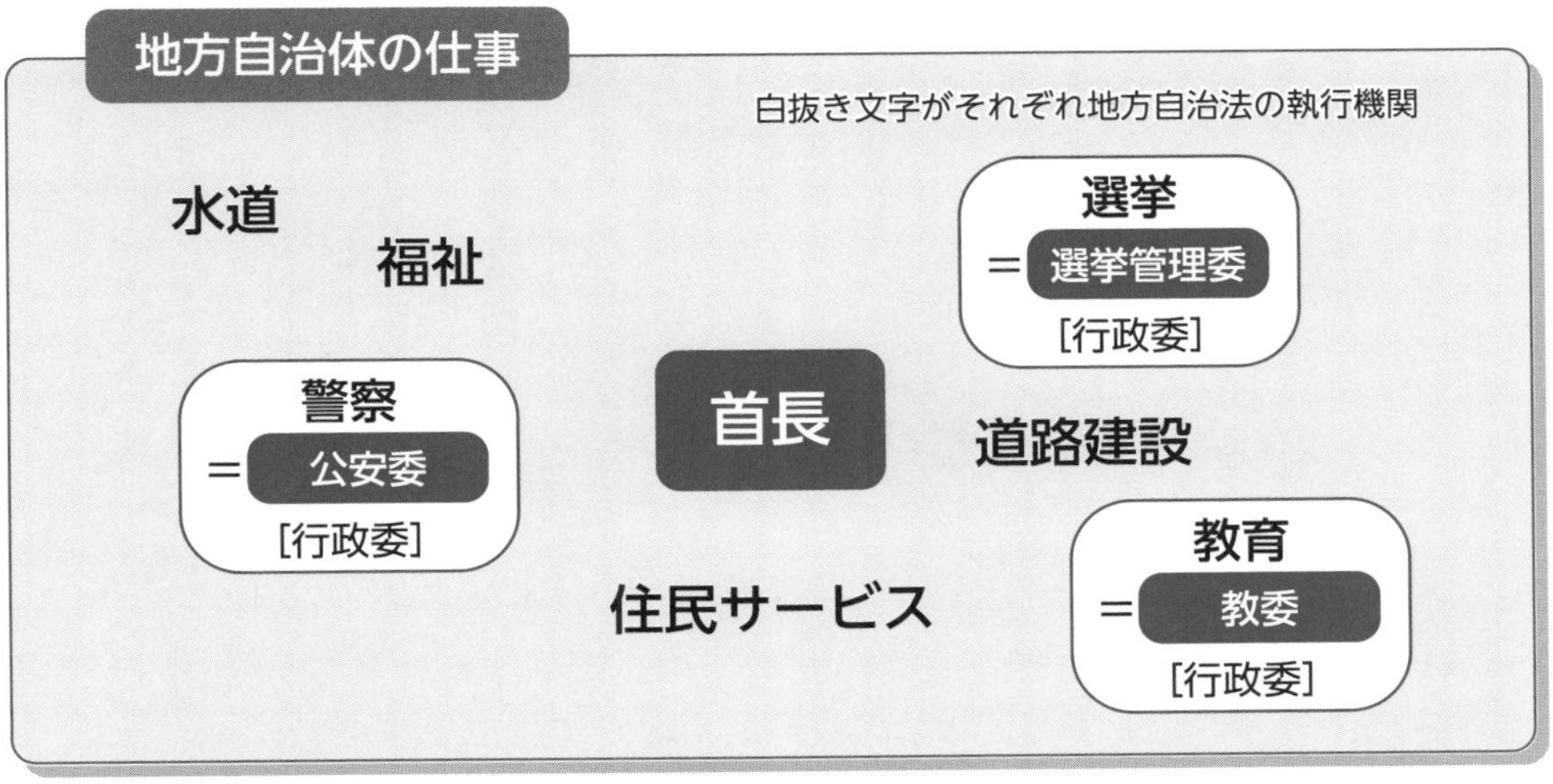

出典：筆者作成

■ 教育委員会による学校の管理・指導業務

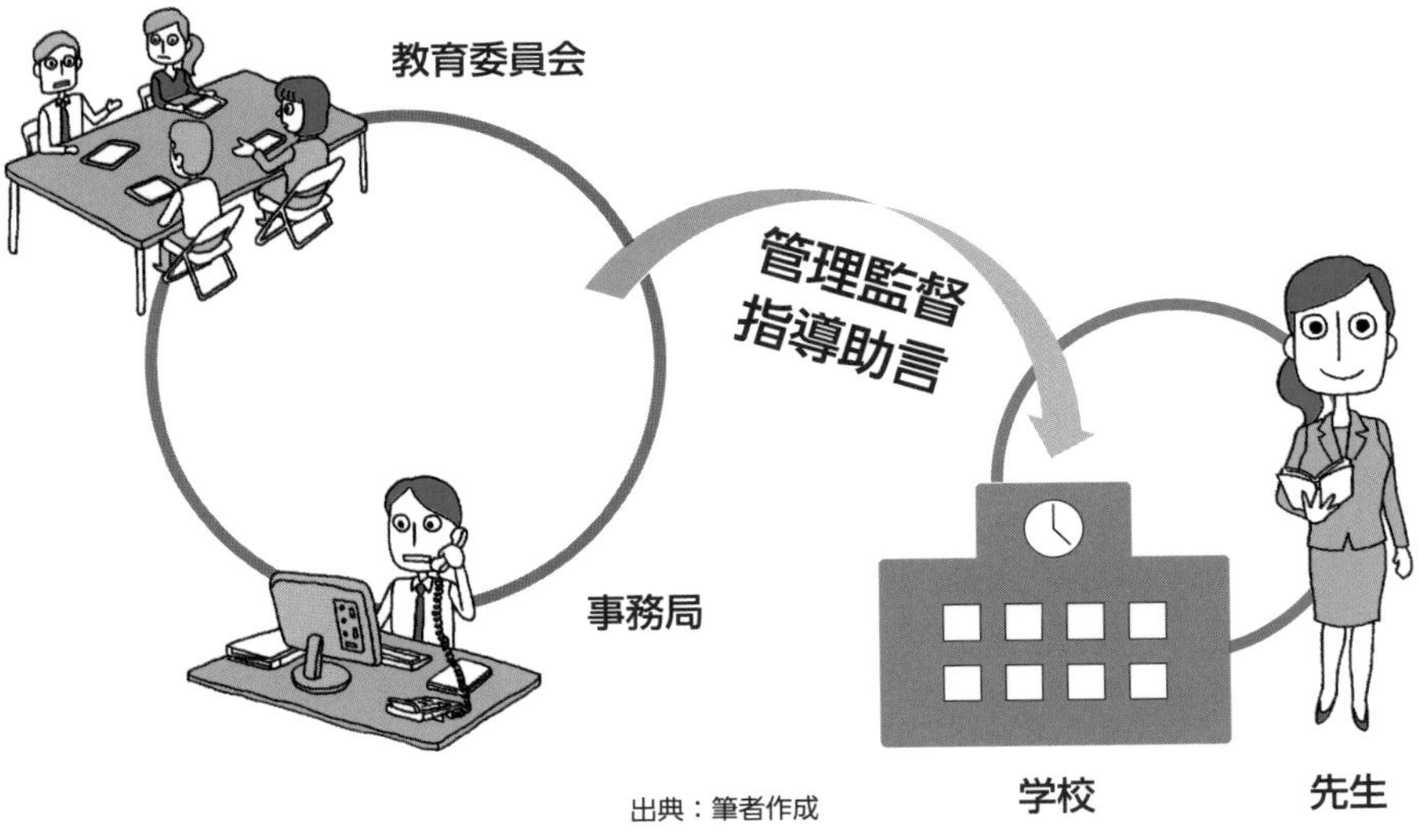

出典：筆者作成

主事が配置される教育委員会の割合が増える。指導主事は教員としての人事異動の中で、つまり教員としてのキャリアの途中でその職にあることが多い。そのため学校・教員に対する指導助言に専門性を持っており、学校に在籍する教職員にとっても身近な教育行政職員である。

指導主事は日常的に学校を訪問し教職員の指導助言に当たるが、計画訪問や要請訪問などの形で、授業研究会に指導助言者として招かれることもしばしばであり、学校で研究授業を参観し、事後研究会などの機会を通じて、授業を参観しての指導助言が行われている。こうした指導主事の役割は教員としての専門性を有する職員からのアドバイスでもあるため、指導助言を受けた教員の力量形成、職能成長に大変重要である。

※中核市教育委員会は教員採用や異動の人事権は持たないが、地方教育行政の組織及び運営に関する法律第59条により、特例として研修を実施する。

12 小学校における教科担任制

教科担任制導入の背景

文部科学省は、教員の確保の観点も踏まえつつ、小学校35人学級が完成する予定と同じ年度である２０２５年度までに、科学、技術、工学、数学を統合的に学習するＳＴＥＡＭ教育の充実等の観点から、「算数」「理科」「外国語」「体育」の４教科を優先的に専科指導の対象とすべき教科として、５・６年生の教科担任制を進めることとしている。教科担任制の質の向上については、デジタル化・グローバル化などが進み、急激に社会が変化していく中で、義務教育９年間を見通しつつ、早期から専門性・系統性の高い教科における学びを充実することにより、授業の質の向上に資するということである。

小学校はこれまで学級担任制を基本としていた。すべての教科を学級担任が指導することが前提とした授業であった。ただし、「音楽」「美術」「保健体育」「家庭」の４教科の中学校教諭免許状を所有する者については、小学校において、それぞれ「音楽」「図画工作」「体育」「家庭」の教科を担任する「専科教員」制度が経過措置的に認められてきていた（教育職員免許法附則第２項）のである。

２００２年、中央教育審議会は「今後の教員免許制度の在り方について（答申）」において、次のように指摘した。

小学校高学年では、専科指導の充実も含めた指導方法の多様性が求められているとして、「小学校における各教科及び総合的な学習の時間の指導充実を図るため、教科に関する専門性の高い教員が担当できるような免許制度上の措置を講じることが重要である」というものである。

小学校の専科担任をさらに拡大すべきという中央教育審議会の提言を受けて、政府は、教育職員免許法の改正を行った（平成14年法律第55号）。これで「国語」「社会」「算数」「理科」「生活」「総合的な学習の時間」についても専科担任が可能となり、高等学校教諭免許状の保持者についても新たに小学校専科となることが可能となったのである（第16条の３）。その後、「外国語活動」「特別の教科　道徳」「特別活動」「宗教」についても小学校専科担任が可能（教育職員免許法施行規則第66条の３第１項）となった。

専科指導教員の条件

２０１８年６月に閣議決定された第３期教育振興基本計画では、「教育政策推進のための基盤を整備する」として、「小学校における専科指導をはじめとする学校の指導体制を整備していく」ことの必要性が明記されている。教員の持ちコマ数軽減など、学校の働き方改革を進めるため、地域や学校などの実情に応じた取り組みが可能となるよう、専科指導教員の計画的な配置充実を図ることが求められてくるだろう。

他校種の免許状を保持する者を小学校の専科教員にするには、次のことに注意をしなければならな

■ 小学校における教科担任制

学級担任がすべての教科を指導

（特例）
中学校免許所有者が小学校の教科を担任することができる
音楽⇒小学校の音楽
美術⇒小学校の図工
保健体育⇒小学校の体育
家庭⇒小学校の家庭

↓ これからは

「算数」「理科」「外国語」「体育」が優先的な対象として、
5、6年生の教科担任制を進める

「音楽」「図工」「体育」「家庭」に加えて、「国語」「社会」「算数」「理科」「生活」「総合的な学習の時間」「外国語活動」「特別の教科　道徳」「特別活動」「宗教」などが教科担任可能

・学習が高度化する小学校高学年において、各教科の系統性を踏まえながら専門性の高い教科指導を行い、教育の質の向上を図る
・教員の持ちコマ数軽減　学校の働き方改革を進める

い。それは文部科学省によれば、一人一人の教員の適性を見極めたうえで、小学校の専科教員としてふさわしいかどうかを個別に判断するものとしている点である。いくら専門性が高くても、生活指導と教科指導が大きく伴う児童に対して、的確な指導ができるかどうかは別の資質が必要となる。決して誰でもが小学校の専科担任になることができるわけではないことは理解しておきたい。

教員の負担を軽減

全教科が直ちに教科担任制になるわけではない。しかし、一人の教員が特定の教科について、同じ学年の複数の学級の授業を持つことになれば、授業準備の負担は軽減でき、教材研究の深化につながる。子どもにとって豊かな学びが保障されることになる。このように小学校専科担任制は、徐々に進行していくものではあるが、授業の充実、教員の働き方の両面で意義のある制度と言える。

13 学校経営計画の立案と実施

学校経営計画の作成根拠

　学校経営計画とは、学校教育目標と、それを達成するための戦略を示したものである。中期的には3年程度、短期的には当該年度の学校経営方針を校長が明らかにして作成するものである。2007年における学校教育法及び学校教育法施行規則の改正（第42条、43条／第66条、67条、68条）により、学校は法令上、①自己評価の実施・公表、②保護者など学校関係者による評価の実施・公表、③評価結果の設置者への報告が必要となった。これを受けて2008年度からの学校評価の取り組みに活用できるよう、文部科学省において「学校評価ガイドライン」が改訂された（2008年1月）。

主な改訂点は、①自己評価について、重点化された目標を設定し精選して実施すること、②保護者による評価、学校の積極的な情報提供、それらを通じた学校・家庭・地域の連携協力を促進すること、③学校評価の結果を設置者に報告することにより、設置者が学校に対して適切に人事・予算上の支援・改善策を講じることの重要性が強調されたことである。

　こうして学校の自己評価が義務づけられたことから、法令ではないがこのガイドラインにあるように（図表・上）、学校運営の状況について評価を行う前提として、目標や評価項目等の設定を行う「学校経営計画」を作成することが必要となったのである。PDCAサイクルによる学校改善を推進し、学校が適切に説明責任を果たし、学校・家庭・地域の連携協力による学校づくりを進めるために「学校経営計画」は重要な意義をもつ。

立案の手順と留意点

1．教育の方向性を捉える

立案にあたっては、日本国憲法や教育基本法、関係諸法規に従い、各都道府県及び各市町村教育委員会の教育基本方針と重点施策を踏まえて作成する。社会に開かれた教育課程の編成、資質・能力の3つの柱の育成、「主体的・対話的で深い学び」に向けた授業改善、カリキュラム・マネジメントの推進など現行の学習指導要領の理念を踏まえ、児童生徒の実態、保護者や地域住民等の願いや期待、地域や学校の強みや課題、特色等を校長は総合的に捉えて方針を示す。

2．学校経営ビジョンを構築する

　1にあげた視点のほか、「令和の日本型学校教育」の構築に向けた「全ての子供たちの可能性を引き出す、個別最適な学びと、協働的な学びの実現のための改革の方向性」も考慮して学校経営ビジョンに取り入れていく。

　記載内容の例を次に示す。

①学校教育目標
　教育活動を通して実現を目指す価値概念（〜を育成する。）
②目指す姿（学校像・児童生徒像・教師像）
③現状と課題
④中期短期重点目標・評価指標
⑤目標達成のための具体的方策

自己評価

○自己評価は、学校評価の最も基本となるものであり、校長のリーダーシップの下で、当該学校の全教職員が参加し、設定した目標や具体的計画等に照らして、その達成状況や達成に向けた取組の適切さ等について評価を行うものである。(p.4)

具体的かつ明確な目標の設定

○この学校教育目標の実現を目指す上で、別に具体的な目標や計画を設定することが必要となる。このため、学校教育目標や校長をはじめ教職員の目指す理想、学校の置かれている実情等を踏まえて、中期的な学校経営の方針を策定することが通例である。さらに、この中期的な方針を敷衍して、

・学校が短期的に特に重点を置いて目指したいと考える成果・特色や、取り組むべき課題
・前年度の学校評価の結果及びそれを踏まえた改善方策
・児童生徒、保護者、地域住民に対するアンケート、保護者や地域住民との懇談会などを通じて把握した学校への意見や要望、またそこから浮かび上がる課題

に基づき、重点的（あるいは段階的）に取り組むことが必要な単年度などの短期的（場合によっては中期的）な目標や教育計画を具体的かつ明確に定める。

○その際、重点として設定する目標等は、学校の全教職員がそれを意識して取り組むことができるなど実効性あるものとなるよう、学校運営の全分野を網羅し総花的に設定するのではなく、学校が伸ばそうとする特色や解決を目指す課題に応じて精選する。(p.12)

文部科学省「学校評価ガイドライン（改訂）」（2016 年 3 月 22 日 ）より

■ 学校経営重点計画の例（抜粋）

〇〇市立〇〇小学校　　　**令和〇年度　学校経営重点計画**　　　令和〇年 4 月 1 日

4　目標

……

<table>
<tr><td colspan="2">[中期経営重点目標]　美しい学校環境を整え「あいさつ・じかん・そうじ」の徹底を図り、明確な目標に向かって努力し、変化・成長する自分を見いだし、自分に自信をもてる児童を育成する。</td><td>[評価指標]　重点目標を達成することができたと感じる児童の割合や学校生活に満足した児童の割合、学力調査 CRT 評定 1 の児童の割合の変化</td></tr>
<tr><th>短期経営重点目標（1 年目）</th><th>評価指標</th><th>主な具体的方策</th></tr>
<tr><td rowspan="3">【学力・体力の向上】
学習規律を徹底し、質の高い授業を創造し、思考力・表現力・対話力を向上させる。</td><td rowspan="3">○ CRT 評定 1 の割合の変化
○児童・保護者・教員アンケート評価 85%以上</td><td>①学習規律や話す・聞く「あいうえお」の徹底を図り、「〇〇小スタンダード」にそった授業を全教諭 3 回以上の公開をする。（研修部）</td></tr>
<tr><td>②帯タイム等で対話スキルを身に付ける学習を実施し、対話能力の向上を図る。（研修部）</td></tr>
<tr><td>③外遊びの励行と校内体育的行事及び体育の授業改善で、体力づくり向上を図る。（保体部）</td></tr>
<tr><td rowspan="3">【徳性の涵養】
明確な目標を設定し、その達成に努力する子どもを育てる。</td><td rowspan="3">○学級力向上アンケートの年間 4 回の実施
○児童・保護者・教員アンケート評価 85%以上
○不読率前年度 4.7%からの減少と完読者割合</td><td>④〇〇小おすすめの本 50 冊を奇数学年は 25 冊以上、偶数学年は完読を目指す。低学年は学級の 8 割、中学年は 7 割、高学年は 6 割達成を目標とする。（教務部）</td></tr>
<tr><td>⑤学級力向上のために「スマイルタイム」と「スマイルアクション」の取り組みにより、自治的・主体的な学級づくりを進める。（研修部）</td></tr>
<tr><td>⑥校内清掃をすみずみ行うこと、整理整とんの時間を設定することを通して校内の美化環境づくりの意識を育て、徹底する。（生活部）</td></tr>
<tr><td rowspan="2">【まちぐるみの教育の推進】
〇〇中学校区としてのあじその取り組みで当たり前のことを当たり前にできる子どもを育てる。</td><td rowspan="2">○〇〇学習の感想
○児童・保護者・教員アンケート評価 80%
○あじそレベル 1 が 80%</td><td>⑦〇〇中学校区「あじそ」（あ＝挨拶・じ＝時間・そ＝そうじ）の定着を目指す。特に、挨拶はレベル 2 を目標とする。（生活部）</td></tr>
<tr><td>⑧自らが課題をもって「〇〇学習」に取り組み、地域に誇りをもち自分に生かす学習に取り組む。（研修部）</td></tr>
</table>

重点的に取り組む教育活動等について実現したい目標を設定し、その実現のための手立てや行動計画を整理して示すものである。④⑤の例を図表・下に示す。

3. 重視したい学級経営

近年、学校経営を揺るがしているのが学級経営の破綻による問題の連鎖である。人員補充がない中で管理職が担任を代行せざるを得ない状況もある。外国籍や特別な支援を要する児童生徒の課題も多様化しており、学級経営が成り立ちにくくなっている。学校経営は学級経営が基盤である。全校一斉に取り組む学級経営の基本方針を示し、学級経営の在り方を議論したり事例を示したりする研修を位置づけ、若手育成支援を明確にした具体的な計画が求められる。

4. ビジョンの共有と実現

学校経営計画は、教職員や保護者、地域関係者に公開し、共有することで、それぞれの役割や行動目標が明確になり、実現が促進される。

14 学校評価と業務改善

教育水準確保・向上の具体的方策の一つ

2000年代の学校改革においては、学校の裁量拡大を通じた特色ある教育活動・学校づくりを基調に、学校が提供する教育水準の向上や保護者・地域の理解・協力の獲得も志向された。その具体的方策として学校評価が着目され、2002年の学校設置基準（省令）制定を契機に、段階的にその制度が構築された。

特に2007年の学校教育法・学校教育法施行規則改正により、現在につながる学校評価とその実施手法の骨格が定められた。関連して、文部科学省作成・公表の「学校評価ガイドライン」が、学校や設置者の取り組みにおいて参照されることになる。

教育基本法では、義務教育の機会保障と水準確保にかかる国・地方公共団体の役割・責任（第5条3項）、学校における体系的な教育の組織的な実施（第6条2項）、学校・家庭・地域住民等の相互の連携協力（第13条）を規定している。これらに基づき、学校教育法には、各学校が教育活動その他の学校運営の状況についての評価を行い、その結果に基づく必要な改善措置を講ずる学校評価に関する規定（第42条）、これと関連して、各学校に、当該校の保護者及び地域住民その他の関係者に対する教育活動・学校運営の状況に関する情報提供を求める規定（第43条）が設けられている。

自己評価と学校関係者評価

学校評価の実施手法については、省令である学校教育法施行規則（第66・67条）で「自己評価」「学校関係者評価」の2つが定められている（「学校評価ガイドライン」では、設置者・学校が任意で実施しうる、外部専門家による「第三者評価」も示されている）。

「自己評価」は、校長をはじめ全教職員が当該校の目標・計画等に即して評価項目を設定したうえで、その達成状況や達成に向けた取り組みの適切さ等について評価を行うもので、各学校には実施及び結果の公表が義務づけられている。

他方、「学校関係者評価」は、当該校の保護者や地域住民等の関係者が、教育活動の観察や意見交換等を通じて自己評価の結果を踏まえた評価（自己評価の結果の内容や改善方策の適切性等）を行うものである。学校関係者評価の実施及び結果の公表は努力義務となっている。現在の学校評価制度は、各学校での主体的な目標設定や点検・評価の作用を内含する「自己評価」に中心的な位置を与えるとともに、その自己評価の結果を踏まえた評価を基本とする学校関係者評価を加えて、自己評価の客観性・透明性の向上や学校・家庭・地域の共通理解と協働を促す構図となっている。これは、前述の学校改革の考え方及び教育基本法の論理に基づくものと言える。

業務改善の点検・評価と学校評価を連動

教育の実施に関する基本（義務教育・学校教育・相互の連携協力）

教育基本法第５条第３項　国及び地方公共団体は、義務教育の機会を保障し、その水準を確保するため、適切な役割分担及び相互の協力の下、その実施に責任を負う。
教育基本法第６条第２項　前項の学校においては、教育の目標が達成されるよう、教育を受ける者の心身の発達に応じて、体系的な教育が組織的に行われなければならない。（後略）
教育基本法第 13 条　学校、家庭及び地域住民その他の関係者は、教育におけるそれぞれの役割と責任を自覚するとともに、相互の連携及び協力に努めるものとする。

学校評価に関する法規上の規定（学校教育法・学校教育法施行規則）

学校評価と情報提供

学校教育法第 42 条　小学校は、文部科学大臣の定めるところにより当該小学校の教育活動その他の学校運営の状況について評価を行い、その結果に基づき学校運営の改善を図るため必要な措置を講ずることにより、その教育水準の向上に努めなければならない。
学校教育法第 43 条　小学校は、当該小学校に関する保護者及び地域住民その他の関係者の理解を深めるとともに、これらの者との連携及び協力の推進に資するため、当該小学校の教育活動その他の学校運営の状況に関する情報を積極的に提供するものとする。

学校評価の実施と結果の公表・報告

学校教育法施行規則第 66 条第１項　小学校は、当該小学校の教育活動その他の学校運営の状況について、自ら評価を行い、その結果を公表するものとする。
同第２項　前項の評価を行うに当たつては、小学校は、その実情に応じ、適切な項目を設定して行うものとする。
学校教育法施行規則第 67 条　小学校は、前条第１項の規定による評価の結果を踏まえた当該小学校の児童の保護者その他の当該小学校の関係者（当該小学校の職員を除く。）による評価を行い、その結果を公表するよう努めるものとする。
学校教育法施行規則第 68 条　小学校は、第 66 条第１項の規定による評価の結果及び前条の規定により評価を行つた場合はその結果を、当該小学校の設置者に報告するものとする。

学校評価と業務改善の連動に関する調査結果（2019 年７月時点）

「業務改善や教師等の働き方に関する項目を学校評価に位置づけるよう各学校に促している」

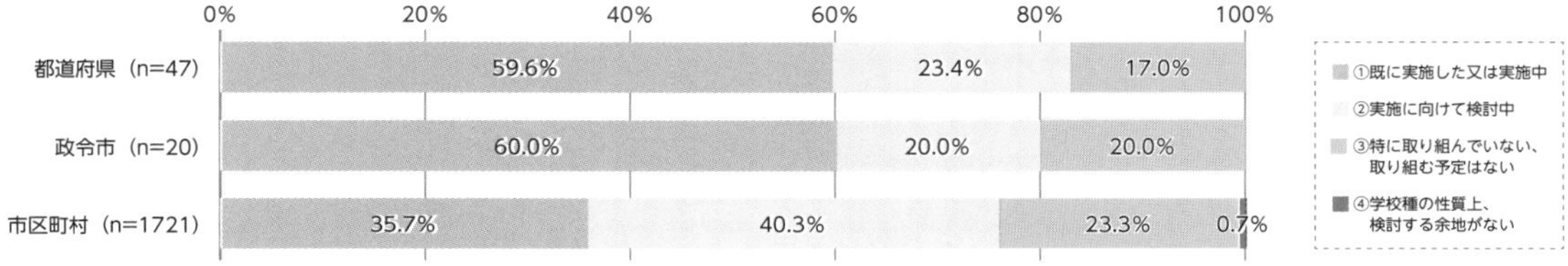

文部科学省「令和元年度教育委員会における学校の働き方改革のための取組状況調査結果」（2019 年 12 月）をもとに作成

ところで、教育課題の多様化に伴い、学校の役割期待の拡大やその結果としての教職員の長時間勤務等の問題が顕在化し、学校の業務改善（働き方改革）の必要性が増している。この文脈からは、直接的な教育活動ではない学校評価の活動は余分な「こなし仕事」のようにも映る。

しかし、上記の自己評価・学校関係者評価の構図を捉えると、各学校がそれぞれ設定した教育目標の達成に向けて、学校評価を通じて①諸取り組みの（目標に対する）効果を検証し、取り組みの重点化・精選を図ること、②評価結果や改善意図を家庭・地域に積極的に発信して必要な支援・協力を得ることの重要性を指摘できる。文部科学省「学校現場における業務改善のためのガイドライン」（２０１５年）でも、学校評価のプロセス自体が業務改善の前提としての実態把握につながる、との業務改善と学校評価の連動の意義が示されている。

15 校務分掌・職員会議

校務分掌

　校務とは、学校教育を実施する上で必要となるすべての業務を指す。学校の教育活動に関する事項はもとより、施設設備の管理や人的管理を含む事務、外部関係機関との連絡調整など広範囲に及ぶ。これらの校務を分担する体制を校務分掌という。「校長は、校務をつかさどり、所属職員を監督する」（学校教育法第37条第4項）ということから、法令上校務掌理権は校長にあり、所属教職員が校務分掌による活動を校長に代わって行うものとなっている。校長の職務を補助し執行するために校務を構造化し、個々の業務内容を示したものが校務分掌組織図である。（図表・上）

　また、学校教育法施行規則第43条に「小学校においては、調和のとれた学校運営が行われるためにふさわしい校務分掌の仕組みを整えるものとする」とある。これは、中学校、特別支援学校等についても同様である（学校教育法施行規則第79条）。したがって校務分掌は、学校の現状に応じて改善が求められる。最近では、新たにGIGA担当や特別支援のためのサポートルーム担当等の必要性が高まっているといえよう。

　さらに、地方教育行政の組織及び運営に関する法律第21条には、教育委員会が職務権限として管理し、及び執行するものの5号に「教育委員会の所管に属する学校の組織編制、教育課程、学習指導、生徒指導及び職業指導に関すること」とある。そのため、校長は校務分掌組織を教育委員会に報告する義務がある。

校務分掌の適切な整備

　学校教育目標の達成に向けて、学校の教育活動が円滑かつ効果的に行われるためには、校務分掌の適切な整備が重要である。校務分掌組織の決定については、次の点に配慮を要する。

①学校の課題や教育目標、教職員の構成、児童生徒の実態等に応じて、絶えず改善を図っていく。

②組織的で効率的な学校運営が行われるよう、校務分掌組織はスクラップ・アンド・ビルドの考え方で整理・合理化し、会議のスリム化や校務の情報化を図る。

③校務分掌組織はその内部の部署間の緊密な関連をもたせ、機能的に配置し、各部署の役割分担と責任を明確にする。

④校務分掌は、全教職員について総合的に計画し、適材適所の配置を工夫する。

⑤同一分掌の期間についても配慮し、熟練者と経験不足者をペアにするなどの工夫をし、転勤等よる組織の弱体化を防ぐ。

⑥地域、保護者との連携の推進や情報公開、情報発信の重要性の高まりを踏まえ、渉外業務の明確な位置づけにも留意する。

職員会議は校長の補助機関

　職員会議は、教職員が協力して学校の教育活動を展開するため、学校運営に関する校長の方針やさまざまな教育課題への対応策につ

学校の組織図（小学校例）

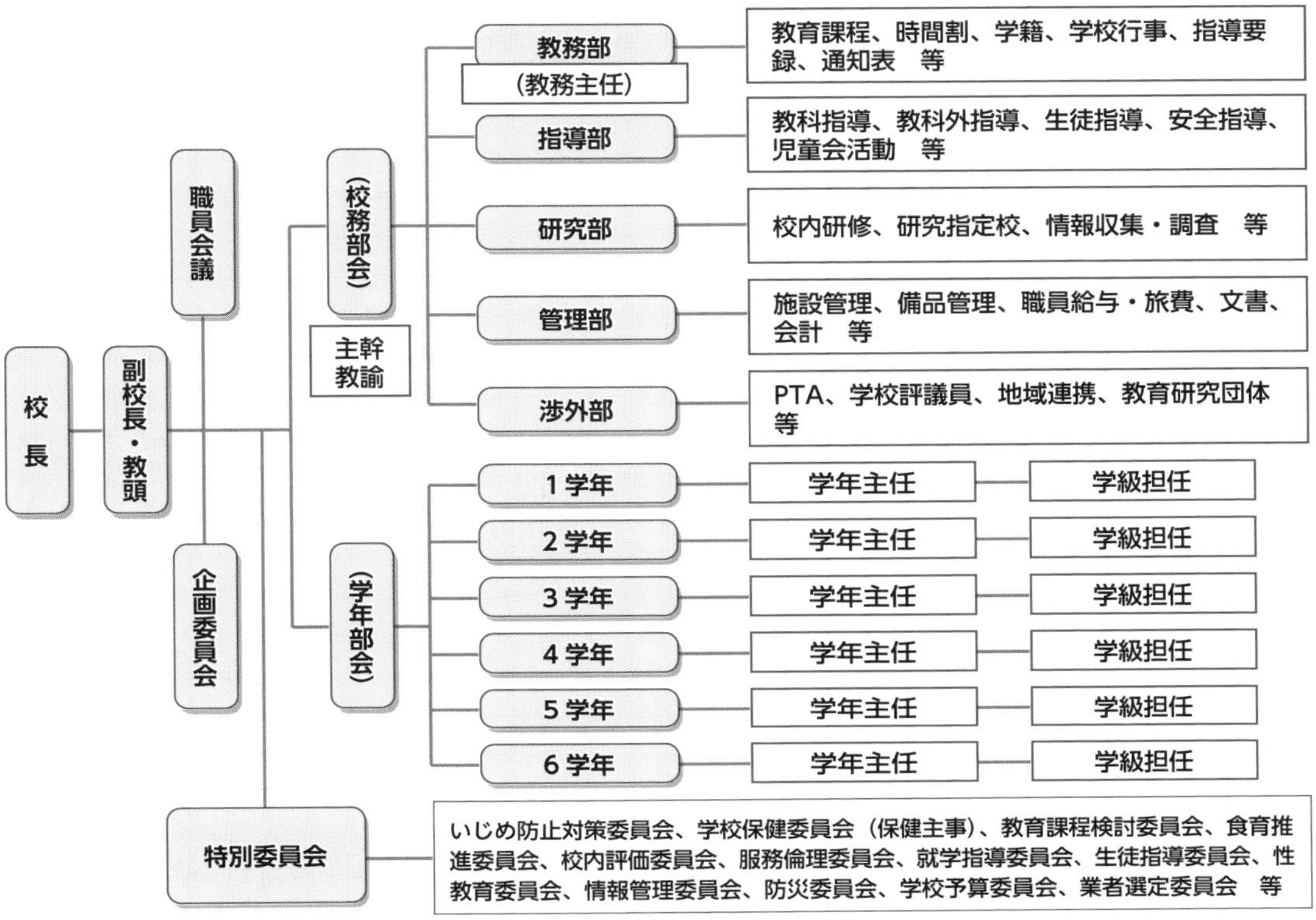

文部科学省「学校における働き方改革特別部会（第６回）配布資料　資料５－２」（2017年10月20日）より

職員会議の規定

学校教育法施行規則第48条　小学校には、設置者の定めるところにより、校長の職務の円滑な執行に資するため、職員会議を置くことができる。
２　職員会議は、校長が主宰する。

（第39条、79条、104条、113条、135条において、幼稚園、中学校、高等学校、中等教育学校、特別支援学校にも準用される）

いての意見交換、及び学校外の組織からの指導・通達・依頼等に関する連絡調整、学習指導・生活指導等について、担当する学年・学級・教科を超えて協議する等、教職員間の意思疎通を図る上で重要な意義を有するものである。

２０００年の学校教育法施行規則の改正（図表・下）により、職員会議は、学校の管理運営に関する校長の権限と責任を前提として校長が主宰し、その職務の円滑な執行を補助する機関として位置づけられた。

２０１４年文部科学省通知「校内人事の決定及び職員会議に係る学校内の規程等の状況について」では、職員会議において校長の権限を実質的に制約したり、本来校長が自らの権限と責任において決定すべき事項について教職員が挙手や投票等の方法により決定したり、校長以外の職員を議長とし当該議長が職員会議を主宰したりすることは、法令等の趣旨に反し不適切であるという見解が示された。

16 コミュニティ・スクール

地教行法改正により導入

「コミュニティ・スクール」は、本来的には、教育活動の展開と関わって近隣地域のヒト・モノ・コトと関係の深い学校のすがたを指す語として用いられてきた。しかし、2000年代の学校改革（地域の実情に応じた特色ある教育活動・学校づくり）を通じて、学校経営への保護者・地域住民の意見反映／参加の制度化が推進されたことに伴い、現在「コミュニティ・スクール」は、そうした参加制度の一形態「学校運営協議会」を設置する学校の通称としても用いられている。

「学校運営協議会」とは、2004年の地方教育行政の組織及び運営に関する法律（地教行法）改正により導入された、保護者・地域住民が一定の権限のもとに公立学校の運営に参画する合議制の機関である。教育委員会には、所管する学校ごとに学校運営協議会を設置する努力義務が課されている（同法第47条の5第1項、ただし必要がある場合、2校以上で1つ設置することも可能）。学校運営協議会の委員は、当該校の①所在地域の住民、②在籍児童等の保護者、③地域学校協働活動推進員その他当該校の運営に資する活動を行う者、④その他教育委員会が必要と認める者（例えば校長・教職員、教育委員会事務局職員等も委員となりうる）から、教育委員会が任命する。このとき当該校の校長は、任命に関する意見の申し出が可能となっている。

学校運営協議会の主たる目的は、当該校の運営及びそのために必要な支援についての協議と定められている。これと関わって同法は、学校運営協議会に対して①校長が作成する学校運営の基本方針の承認、②当該校の運営について教育委員会（設置者）に意見を述べること、③当該校の教職員の任用について教育委員会又は校長に意見を述べること（任命権者の教育委員会は、この意見について尊重義務を有する）、の権限を付与している。また、以上の協議に基づいて学校と家庭・地域の連携・協力が推進されるよう、同法（第47条の5第5項）は学校運営協議会に対して、協議結果に関する情報提供の努力義務を課している。この点は「14 学校評価と業務改善」の項もあわせて参照されたい。

設置の努力義務化

学校運営協議会制度は、2004年地教行法改正時には、学校の管理運営への直接的な参加制度導入（学校裁量拡大を含む「新しいタイプの公立学校」）の方向性を強調して制度化されたが、その後の児童生徒の多面的な資質・能力の保障や地方創生が期待される文脈で、2017年同法改正により、学校運営協議会と地域学校協働活動（地域学校協働本部）の連動をより重視する制度枠組みへの修正が図られた。同時に、学校運営協議会の設置も、当初の設置者による任意設置（対象校の「指定」）から、公立学校全校への設置の努力義務に切り替えられた。

■ コミュニティ・スクールの仕組み（政令指定都市を除く市区町村立学校のイメージ）

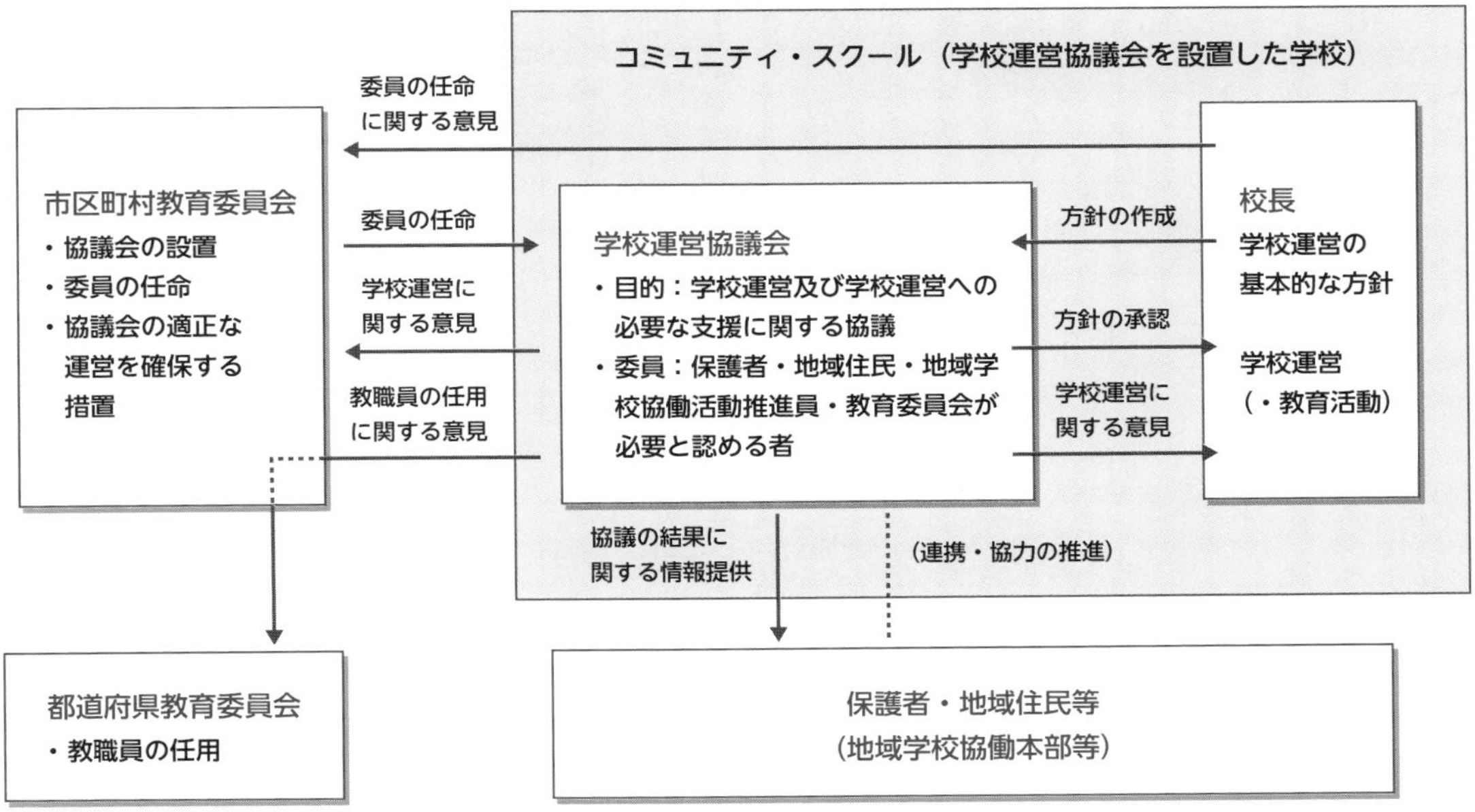

文部科学省ウェブサイト「コミュニティ・スクール（学校運営協議会制度）」を参考に作成

■ コミュニティ・スクールの導入状況（2022年5月時点）

●全国の公立学校におけるコミュニティ・スクール（学校運営協議会を置く学校）の数
15,221校（導入率42.9%）　※うち公立小・中・義務教育学校13,519校

●コミュニティ・スクールを導入している自治体数
1,213自治体（66.9%）　※37都道府県、1,164市町村、12学校組合

●全国の公立学校においてコミュニティ・スクールと地域学校協働本部をともに整備している学校数
11,180校　※全国の地域学校協働本部数は12,333本部（20,568校をカバー）

文部科学省「令和４年度コミュニティ・スクール及び地域学校協働活動実施状況調査について」（2022年９月）をもとに作成

ところで日本では、コミュニティ・スクール（学校運営協議会制度）に先立って保護者・地域住民の意見反映／参加に関する制度が導入されていた。それは、２０００年学校教育法施行規則改正で導入された学校評議員制度である。この学校評議員となる者も、主に家庭・地域の関係者（当該校教職員は除外）であるため、２つの制度内容は近似しているように見える。ただし、学校評議員の機能は「校長の求めに応じ、学校運営に関し意見を述べることができる」（同施行規則第49条２項）と限定的であり、上述の学校運営協議会と性質を異にする。２００４年の学校運営協議会制度導入以後、両制度が併存する状況が続いてきたが（２０１０年代半ばまでの学校運営協議会設置校数の増加は比較的緩やかであった）、２０１７年の地教行法改正での設置努力義務化により、全国の公立学校での学校運営協議会設置が急速に進みつつある。

17 特別支援学級と通級・特別支援教室

特別支援教育の全体像

２００７年度に、それまでの障害の種別や程度によって「特別な場」で行われていた特殊教育から、教育的ニーズに応じて適切な指導や必要な支援を行う特別支援教育に転換された。対象は「知的な遅れのない発達障害」にも拡大され、通常の学級においても行われるものとなった。

その支援の場は、特別支援学校、特別支援学級に加え、通級による指導、通常の学級でも行われることとなる。少子化に逆行し、特別支援教育の対象者は増加し続け、この10年で特別支援学級、通級による指導の対象者は2倍に膨れ上がっている（図表・上）。

特別支援学級とは

学校教育法第81条2項で、小中学校・義務教育学校に加え、高等学校や中等教育学校にも設置できるとされているのが特殊学級で、２００６年の改正で「特別支援学級」と名称が変更された。当初は知的障害、肢体不自由、身体虚弱、弱視、難聴、その他だった種別に、言語障害、情緒障害（その後、自閉症・情緒障害に）が追加された。障害の状態や体制にもよるが、対象となるのは、特別支援学校ほどではないものの特別な教育課程が組まれ個別の指導計画のもとに指導を受けるのが適当と認められる者とされ、障害種ごとの基準も明記されている。

特別な教育課程には、「自立活動」が取り入れられ、「下学年の目標や内容への代替え」や「特別支援学校の教育課程を参考に」実態に応じた編成が可能になっている。それを実現するために、１学級の児童生徒数は8人以下（特別支援学校は6人、通常の学級では40人）とされている。さらに、インクルーシブ教育を進める上でも、通常の学級との間で「交流及び共同の学習」の取り組みが推奨されている。

通級による指導とは、通常の学級に在籍しながら、「障害に応じた特別の指導を行う必要があるもの」に対し、年間35～２８０単位時間まで認められている指導である（学校教育法施行規則第１４０条）。その対象は、言語障害、自閉症、情緒障害、弱視、難聴、学習障害、注意欠陥多動性障害、その他の障害とされ、特別支援教育への転換を受けて利用者は急増している（図表・下）。さらに高等学校においても２０１８年度から制度の運用が開始され、約１３００人が利用している（２０２０年）。

特別支援教室

特別支援学級は、地域差もあるが、全ての小中学校に設置されているわけではない。そのため、学区を越えて通う必要があり、設置校であっても通常の学級から学籍を変える必要もある。通級による指導でも在籍級の授業を抜けて通級指導教室に送り迎えする必要がある。これらの負担や制約を減らし、「できる限り一般の教育システムで」（障害者の権利に関する条約）という理念を実現するため

特別支援学校等の児童生徒の増加の状況

	対象	平成23年度	倍率	令和3年度
義務教育段階の全児童生徒数		1,054万人	0.9倍	961万人
特別支援教育を受ける児童生徒数		28.5万人 2.3%	1.9倍	53.9万人 5.6%
特別支援学校	視覚障害　聴覚障害　知的障害　肢体不自由　病弱・身体虚弱	6.5万人 0.6%	1.2倍	8.0万人 0.8%
小学校・中学校　特別支援学級	知的障害　肢体不自由　身体虚弱　弱視　難聴　言語障害　自閉症・情緒障害	15.5万人 1.5%	2.1倍	32.6万人 3.4%
小学校・中学校　通常の学級（通級による指導）	言語障害　自閉症　情緒障害　弱視　難聴　学習障害（LD）　注意欠陥多動性障害（ADHD）　肢体不自由　病弱・身体虚弱	6.5万人 0.6%	2.0倍	13.3万人 1.4%

※平成23年度は公立のみ

※通級による指導を受ける児童生徒数は、令和元年度の値。

通級による指導を受けている児童生徒の推移

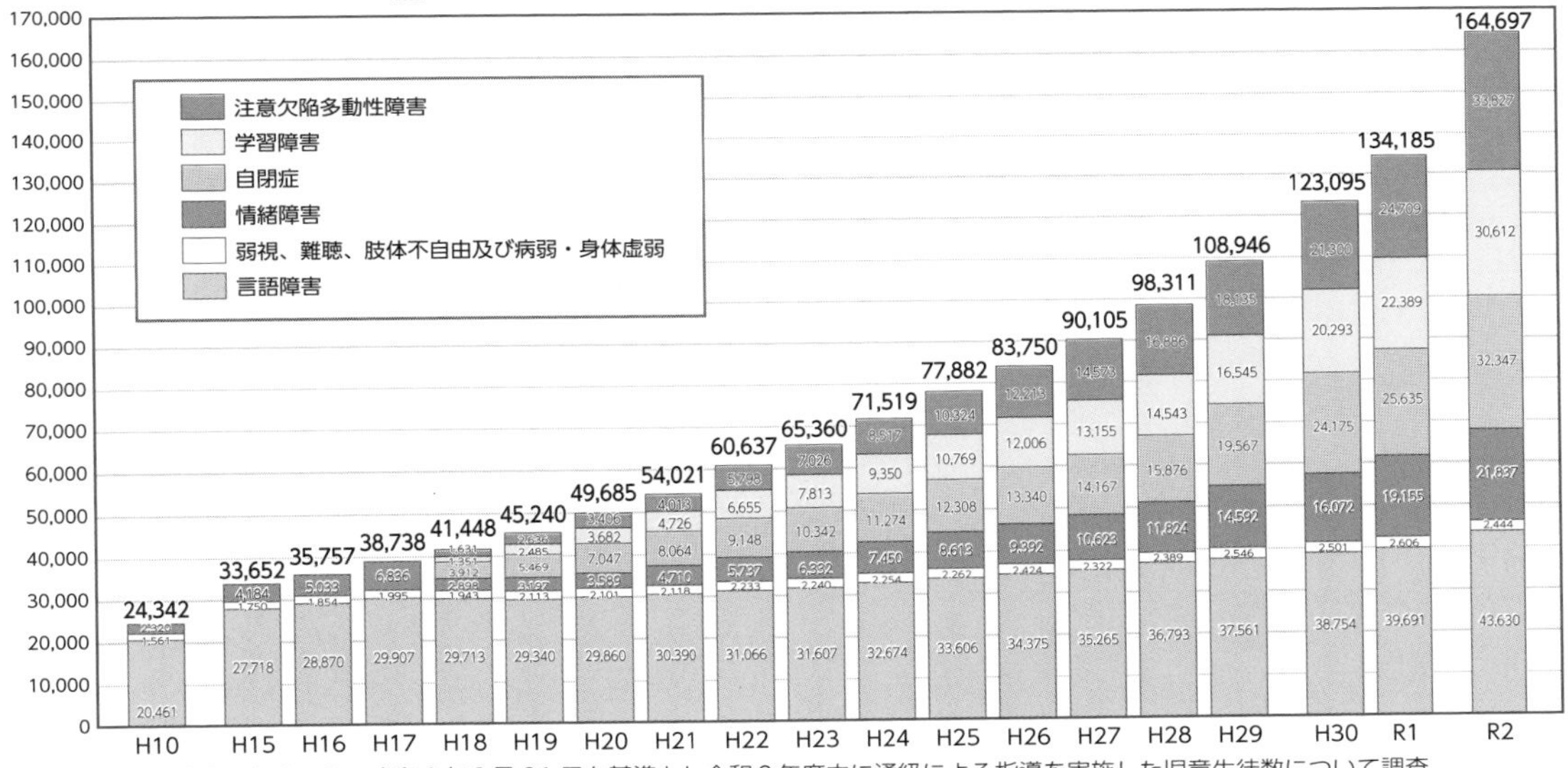

※令和２年度のみ、令和３年３月31日を基準とし令和２年度中に通級による指導を実施した児童生徒数について調査。
その他の年度の児童生徒数は年度５月１日現在。

文部科学省「特別支援教育資料（令和３年度）第２部調査編　通級による指導実施状況調査結果（概要）」

にも、全小中学校の通常の学級に籍を置きながら必要な指導を校内で受けられる「特別支援教室（仮称）」（文部科学省、２００３）の実現が期待される。その具現化は、地域により異なるが、東京都では、通級による指導を行っていた教員が所属校（拠点校）から担当地域の複数校を巡回し指導する方式をとることで、児童生徒が自分の学校で指導を受けられるようにした。なお、特別支援学級や通常の学級で受ける支援がより充実するよう、特別支援教育支援員を活用している地域もある。また学校内の人員に加え、より専門的な相談や助言が受けられるよう、地域に巡回相談員や専門家チーム等を置き、充実を図っている。いずれにせよ、通常の学級、通級による指導、特別支援学級、特別支援学校という「連続性のある多様な学びの場」を柔軟に活用し、ニーズに応じた質のいい教育ができるだけ制約の少ない環境で受けられることが求められる。

18 学校事務と学校財務

体制の充実と運営改善

学校事務が担う職務は、２０１７年３月の「義務教育諸学校等の体制の充実及び運営の改善を図るための公立義務教育諸学校の学級編制及び教職員定数の標準に関する法律等の一部を改正する法律」成立を機に、標準的な職務の内容が文部科学省から初めて例示された。この法改正には、学校の「体制の充実」と「運営改善」を実現するために、基礎定数化に伴う教職員定数標準の改正や学校運営協議会の役割見直し、事務職員の職務内容の改正と「共同学校事務室」の規定整備が含まれていた。

改正のポイントは、以下の２つであった。①事務職員の校務運営への主体的な参画を目指し、学校教育法第37条14項を従前の「事務に従事する」から「事務をつかさどる」に変更、②地方教育行政の組織及び運営に関する法律（地教行法）に第47条の４を新設し、教育委員会規則で所管する２校以上を指定し、共同学校事務室を設置することが可能とされた。

さらに２０１９年１月に中央教育審議会が「新しい時代の教育に向けた持続可能な学校指導・運営体制の構築のための学校における働き方改革に関する総合的な方策について（答申）」で、働き方改革推進には学校と教員が担う業務の明確化と適正化の確実な実施が必要と指摘。文部科学省は「学校・教師が担うべき業務の範囲について、学校現場や地域、保護者等の間における共有のため、学校管理規則のモデル（学校や教師・事務職員等の標準的職務の明確化）を周知」することとされた。

以上を受け、２０２０年７月に初等中等教育局が「事務職員の標準的な職務の明確化に係る学校管理規則参考例等の送付について（通知）」を発出。この中で「事務職員の標準的な職務の内容及びその例」が示された（図表・上）。

この法改正に至る経緯を概観する。２０１５年３月の国立教育政策研究所「小中学校の学校事務職員の職務と専門的力量に関する調査報告書」で、職務内容の明確化や事務の共同実施を進めると職務範囲の拡大や高度な思考力等を必要とする「運営系事務」を担当するようになる傾向が示された。さらに、２０１５年12月の中央教育審議会「チームとしての学校の在り方と今後の改善方策について（答申）」では「学校のマネジメント機能の強化」策として事務体制の強化が提言され、学校教育法上の事務職員の職務規定の見直しと共同学校事務室の法令上の明確化が提案された。以上を受けて、法改正や事務職員の標準的職務の内容が例示されるに至った。

学校における予算執行

教育委員会所掌に係る事項に関する予算を執行するのは首長権限（地教行法第22条6号）である。しかし、首長は権限を持つ事務の一部を委員会や委員長に委任することができる（地方自治法第１０８条の２）、また、教育委員会は所管する学校の職員に委任、又は

事務職員の標準的な職務の内容

事務職員の標準的な職務の内容及びその例

区分	職務の内容	職務の内容の例
総務	就学支援に関すること	就学援助・就学奨励に関する事務
	学籍に関すること	児童・生徒の転出入等学籍に関する事務諸証明発行に関する事務
	教科書に関すること	教科書給与に関する事務
	調査及び統計に関すること	各種調査・統計に関する事務
	文書管理に関すること	文書の収受・保存・廃棄事務 校内諸規定の制定・改廃に関する事務
	教職員の任免、福利厚生に関すること	給与、諸手当の認定、旅費に関する事務 任免・服務に関する事務 福利厚生・公務災害に関する事務
財務	予算・経理に関すること	予算委員会の運営 予算の編成・執行に関する事務 契約・決算に関する事務 学校徴収金に関する事務 補助金・委託料に関する事務 監査・検査に関する事務
管財	施設・設備及び教具に関すること	施設・設備及び教具（ICT に関するものを含む。以下同じ。）の整備及び維持・管理に関する事務 教材、教具及び備品の整備計画の策定
事務全般	事務全般に関すること	事務全般に係る提案、助言（教職員等への事務研修の企画・提案等）

他の教職員との適切な業務の連携・分担の下、その専門性を生かして、事務職員が積極的に参画する職務内容及びその例

区分	職務の内容	職務の内容の例
校務運営	学校の組織運営に関すること	企画運営会議への参画 各種会議・委員会への参画・運営 学校経営方針の策定への参画 業務改善の推進
	教育活動に関すること	カリキュラム・マネジメントの推進に必要な人的・物的資源等の調整・調達等（ICT を活用した教育活動に資するものを含む） 教育活動における ICT の活用支援 学校行事等の準備・運営への参画
	学校評価に関すること	自己評価・学校関係者評価等の企画・集計・結果分析等
	保護者、地域住民、関係機関等との連携及び協力の推進に関すること	学校と地域の連携・協働の推進（学校運営協議会の運営、地域学校協働本部等との連絡調整等） 学校施設の地域開放に関する事務 保護者、専門スタッフ、関係機関等との連絡調整
	危機管理に関すること	コンプライアンスの推進 学校安全計画や学校防災計画等の各種計画等の策定 危険等発生時対処要領（危機管理マニュアル）の作成・改訂 安全点検の実施
	情報管理に関すること	情報公開、情報の活用 広報の実施 個人情報保護に関する事務等

文部科学省「事務職員の標準的な職務の明確化に係る学校管理規則参考例等の送付について（通知）」（2020 年 7 月 17 日）別添 2

学校財務のイメージ

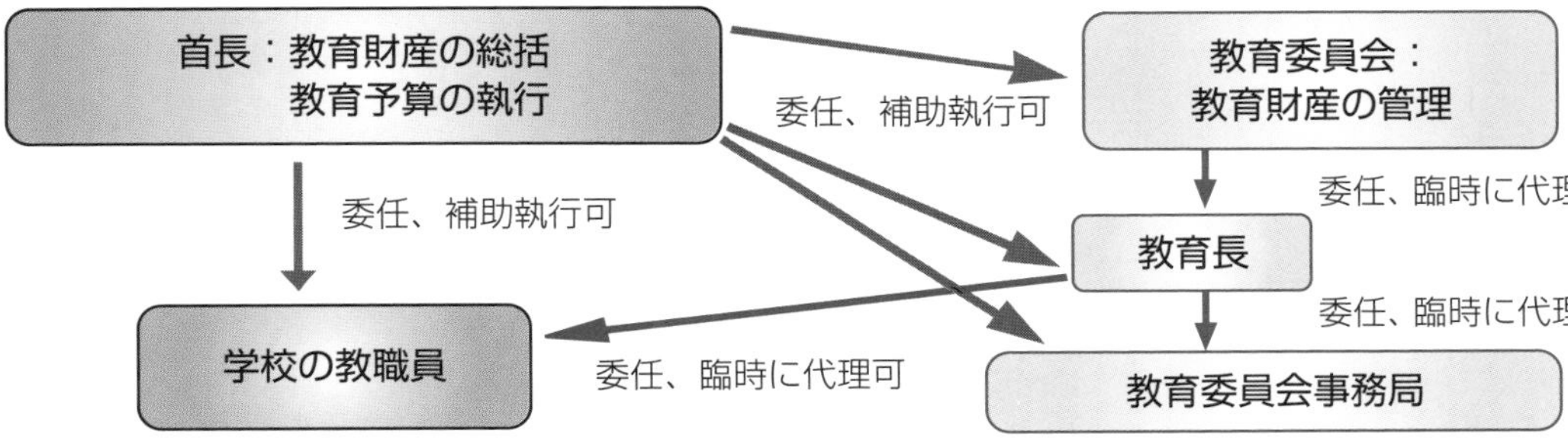

事務局職員等をして臨時に代理させることができる（地教行法第25条4項）とされている。予算制度は自治体ごとに異なり、総額裁量制、学校提案要求型、特色枠等を組み合わせた例がみられ、各学校に予算委員会等を設置する自治体もある。財政的な理由で備品等の修理等ができないとの声が以前から聞かれていたが、２０２１年末、某市内の小中学校約70校で年間総額１億円以上のＰＴＡ会費等保護者負担金が、消耗品や備品購入に充てられていたと報じられた（２０２１年12月25日朝日新聞）。

学校運営経費は、必要不可欠なものか、よりよい教育環境のためのものかは判別が難しいのが実態である。同市では、学校運営経費を「公費負担とすべき経費」「ＰＴＡ等から支援を受けることが可能な経費」「市費負担を求める経費」の３つに分類しマニュアル化、試験運用を２０２２年度に開始した（２０２２年１月29日・３月25日朝日新聞）。

19 学習指導要領の法的根拠

学校教育法に基づく

学習指導要領は、各学校の教育課程編成や教科書作成の上で重要な基準であり、学校現場にとっては必要不可欠な存在といえる。しかしながら、時としてその学習指導要領によってデメリットが生じることもある。特に、２０２０年3月以降の新型コロナウイルス感染拡大により、長期休校や学級閉鎖等が相次ぎ、学習指導要領の示す授業時数の確保や増加した教育内容を扱うために夏休みを短縮した学校もある。このように学習指導要領が学校の自由な教育活動の足枷となる場合があり、学習指導要領がどのようにあるべきかについて議論していく必要がある。そこで、ここでは学習指導要領のあり方に関わる、法的根拠について解説していきたい。

学習指導要領の法的根拠は、学校教育法および同法施行規則の条文に基づいている（図表参照）。小学校の場合には、学校教育法第33条において「小学校の教育課程に関する事項は、第29条及び第30条の規定に従い、文部科学大臣が定める」ことを示しており、小学校の教育目的（第29条）と教育目標（第30条）に基づき、文部科学大臣が「教育課程に関する事項」を定めることが示されている。

さらに、この「教育課程に関する事項」について、学校教育法施行規則第52条では「小学校の教育課程については、この節に定めるもののほか、教育課程の基準として文部科学大臣が別に公示する小学校学習指導要領によるものとする」ことを示している。この条文は「第2節　教育課程」に規定されている第50条から第58条までの中の一つであり、小学校において編成される教科・領域（第50条）や総授業時数（第51条）が定められている。その上で、教育課程の基準として小学校学習指導要領が公示されることを示している。

学習指導要領は最低基準であると明示

以上の法令に基づき学習指導要領が定められ各学校が教育課程を編成する上での基準とされるが、「教育課程の基準」とはどこまで学習指導要領によって規定され、どこからが学校や教員の裁量として認められるのかについては議論が分かれている。学習指導要領が最初に発行されたのは１９４７年であるが、この当時は「試案」として示されていた。手引書としての意味をもつ「試案」は、１９５０年代後半以降には教育課程の基準としての性格を明確化する目的で削除され、以来文部（科学）省は学習指導要領に法的拘束力（法的基準性）があることを主張してきた。学習指導要領に法的拘束力があるのかどうかについては、１９６０年代から１９７０年代にかけて盛んに論争が行われたところであるが、一つの決着としては１９７６年の旭川学力テスト事件の最高裁判決（１９７６年5月21日判決）において、学習指導要領が大綱的基準として法的拘束力をもつと示されたことに依拠してい

■ 学習指導要領の法的根拠

学校教育法　第33条

小学校の教育課程に関する事項は、第29条及び第30条の規定に従い、文部科学大臣が定める。
※中学校は第48条、高等学校は第52条に規定。

学校教育法施行規則　第52条

小学校の教育課程については、この節に定めるもののほか、教育課程の基準として文部科学大臣が別に公示する小学校学習指導要領によるものとする。
※中学校は第74条、高等学校は第84条に規定。

■ 小学校学習指導要領の前文

教育は、教育基本法第1条に定めるとおり、人格の完成を目指し、平和で民主的な国家及び社会の形成者として必要な資質を備えた心身ともに健康な国民の育成を期すという目的のもと、同法第2条に掲げる次の目標を達成するよう行われなければならない。

1　幅広い知識と教養を身に付け、真理を求める態度を養い、豊かな情操と道徳心を培うとともに、健やかな身体を養うこと。
2　個人の価値を尊重して、その能力を伸ばし、創造性を培い、自主及び自律の精神を養うとともに、職業及び生活との関連を重視し、勤労を重んずる態度を養うこと。
3　正義と責任、男女の平等、自他の敬愛と協力を重んずるとともに、公共の精神に基づき、主体的に社会の形成に参画し、その発展に寄与する態度を養うこと。
4　生命を尊び、自然を大切にし、環境の保全に寄与する態度を養うこと。
5　伝統と文化を尊重し、それらをはぐくんできた我が国と郷土を愛するとともに、他国を尊重し、国際社会の平和と発展に寄与する態度を養うこと。

これからの学校には、こうした教育の目的及び目標の達成を目指しつつ、一人一人の児童が、自分のよさや可能性を認識するとともに、あらゆる他者を価値のある存在として尊重し、多様な人々と協働しながら様々な社会的変化を乗り越え、豊かな人生を切り拓《ひら》き、持続可能な社会の創り手となることができるようにすることが求められる。このために必要な教育の在り方を具体化するのが、各学校において教育の内容等を組織的かつ計画的に組み立てた教育課程である。

教育課程を通して、これからの時代に求められる教育を実現していくためには、よりよい学校教育を通してよりよい社会を創るという理念を学校と社会とが共有し、それぞれの学校において、必要な学習内容をどのように学び、どのような資質・能力を身に付けられるようにするのかを教育課程において明確にしながら、社会との連携及び協働によりその実現を図っていくという、社会に開かれた教育課程の実現が重要となる。

学習指導要領とは、こうした理念の実現に向けて必要となる教育課程の基準を大綱的に定めるものである。学習指導要領が果たす役割の一つは、公の性質を有する学校における教育水準を全国的に確保することである。また、各学校がその特色を生かして創意工夫を重ね、長年にわたり積み重ねられてきた教育実践や学術研究の蓄積を生かしながら、児童や地域の現状や課題を捉え、家庭や地域社会と協力して、学習指導要領を踏まえた教育活動の更なる充実を図っていくことも重要である。

児童が学ぶことの意義を実感できる環境を整え、一人一人の資質・能力を伸ばせるようにしていくことは、教職員をはじめとする学校関係者はもとより、家庭や地域の人々も含め、様々な立場から児童や学校に関わる全ての大人に期待される役割である。幼児期の教育の基礎の上に、中学校以降の教育や生涯にわたる学習とのつながりを見通しながら、児童の学習の在り方を展望していくために広く活用されるものとなることを期待して、ここに小学校学習指導要領を定める。

る。

学習指導要領が大綱的基準であるという位置づけは、その後の社会的背景によって変化してきている。例えば、1998・1999年改訂学習指導要領では教育内容を大幅に削減し、ゆとり教育だとして世論から大きな批判を浴びた。その結果2003年には学習指導要領が一部改訂され、学習指導要領は最低基準であるということが示された(「確かな学力の向上のための2002アピール『学びのすすめ』」(2002年1月17日文部科学省)。このことにより、それ以前は認められなかった学習指導要領に示されていない発展的な学習内容を扱うことが可能となった。

このように、学習指導要領の位置づけは時代ごとに変化してきており、どこから先を学校や教員の裁量に任せられるべきなのか、いま一度、学習指導要領のあり方を議論すべき時期にきているといえる。

20 カリキュラム・マネジメント

教育活動の質の向上を図る

カリキュラム・マネジメントは２０１７・２０１８・２０１９年改訂学習指導要領（以下、新学習指導要領）によって示された新しいキーワードである。簡潔に述べれば、新学習指導要領に示されている取り組みを実施することによって、持続的に各学校の教育活動の質の向上を図ることがカリキュラム・マネジメントの目的であるといえる（図表・上参照）。ここでは、具体的にどのような取り組みが求められるのかをより理解するために、同図表の文面を３点に分けて解説していきたい。なお、カリキュラム・マネジメントを理解する上ではＰＤＣＡサイクルの流れが重要となるため、図表・下のイメージ図を用いながら解説していく。

教育課程を編成・実施し評価に基づく改善を行う

まず、１点目にあげられるのは、児童（生徒）や学校、地域の実態を適切に把握し、教育の目的や目標の実現に必要な教育の内容等を教科等横断的な視点で組み立てていくことである。この作業は、図表・下で示したＰＤＣＡサイクルのうちのＰｌａｎの段階であり、各学校で教育課程の編成を行う段階である。教育課程の編成には年間指導計画や時間割の作成等が含まれるが、この作業をするためには児童や学校、地域の実態を適切に把握することが求められる。その上で、各学校の教育目標を設定し、それを実現するために必要な教育内容は何かを選定していくことになる。

なお、各学校で教育課程を編成する際に把握するべき児童（生徒）や学校、地域の実態とは、例えば、これまでの学習内容の習得度合いだけでなく、特別な配慮・日本語指導が必要となる児童（生徒）の有無、不登校児童（生徒）への配慮等があげられる。また、当該学校の施設設備の状態や教職員体制、これまで培ってきた文化（校風）や、その土地特有の文化、地域人材、チーム学校として支援や連携体制の構築が可能な機関・団体等も重要な情報となる。加えて、選定した教育内容を年間指導計画として組み立てていく際には、各教科や領域で学ぶ内容を関連させあうような教科等横断的な視点で組み立てていくことが求められる。

２点目にあげられるのが、教育課程の実施状況を評価してその改善を図っていくことである。これは図表・下における編成した教育課程を実施するＤｏの段階と、評価を行うＣｈｅｃｋの段階、改善を図るＡｃｔｉｏｎの段階が含まれている。これまで教育活動の評価が行われる一方で、改善が図られているのかという懸念が指摘されてきた。これに対し、評価については学校教育法や同法施行規則によって学校の教育活動や学校運営の状況の自己評価と結果公表が義務づけられていたが、今回の新学習指導要領によって改善を図ることが明示されたといえる。カリ

カリキュラム・マネジメントの定義

各学校においては、①児童や学校、地域の実態を適切に把握し、教育の目的や目標の実現に必要な教育の内容等を教科等横断的な視点で組み立てていくこと、②教育課程の実施状況を評価してその改善を図っていくこと、③教育課程の実施に必要な人的又は物的な体制を確保するとともにその改善を図っていくことなどを通して、教育課程に基づき組織的かつ計画的に各学校の教育活動の質の向上を図っていくこと（以下「カリキュラム・マネジメント」という。）に努めるものとする。

※下線、数字は筆者加筆。2017年改訂小学校学習指導要領第1章総則より。
2017年改訂中学校学習指導要領、2018年改訂高等学校学習指導要領においても同様。

PDCAサイクルに基づくカリキュラム・マネジメントのイメージ

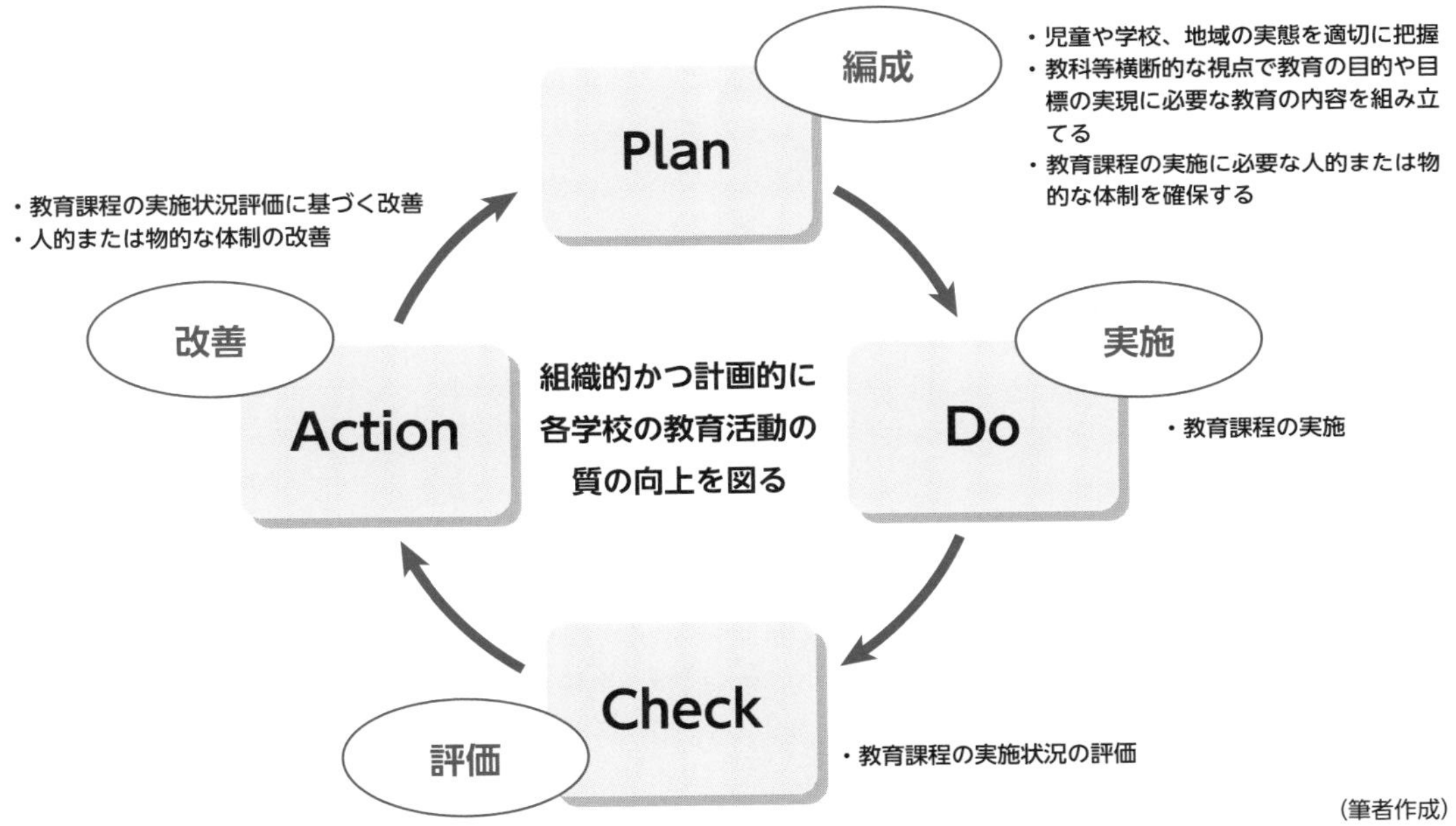
編成
Plan
・児童や学校、地域の実態を適切に把握
・教科等横断的な視点で教育の目的や目標の実現に必要な教育の内容を組み立てる
・教育課程の実施に必要な人的または物的な体制を確保する
実施
Do
・教育課程の実施
評価
Check
・教育課程の実施状況の評価
改善
Action
・教育課程の実施状況評価に基づく改善
・人的または物的な体制の改善
組織的かつ計画的に
各学校の教育活動の
質の向上を図る

（筆者作成）

キュラム・マネジメントの実現のためには、評価をして終わりではなく、評価を受けて改善を図ることが求められるのである。

最後に、3点目にあげられるのが、教育課程の実施に必要な人的または物的な体制を確保するとともにその改善を図っていくことである。これは図表・下における必要な人的または物的な体制を確保するPlanの段階と、その体制について改善を図るActionの段階が含まれている。編成した教育課程を実施するには、専門的な教職員や地域の人材、教材等が必要となる。それらを確保した上で教育活動を行い、その後よりよい教育課程への実現のために改善を図ることが求められる。

以上の3点に取り組むことで、組織的かつ計画的に各学校の教育活動の質の向上を図ることがカリキュラム・マネジメントの目的とするところである。特に、これまで以上に、改善をいかに図るかが求められているといえる。

21 個別最適な学びと協働的な学び

個別最適な学びと個に応じた指導

「個別最適な学び」と「協働的な学び」というキーワードは、2021年1月26日中央教育審議会答申「『令和の日本型学校教育』の構築を目指して～全ての子供たちの可能性を引き出す、個別最適な学びと、協働的な学びの実現～」（以下、答申）にて、今後実現すべき学びとして示されている。これら2つの学びが提言された背景には、新型コロナウイルスの国内感染拡大を要因として新しい生活様式や休校措置が求められ、それに伴う教育の在り方や子どもたちの学びに対する危機感が指摘されたことにある。

この反省のもと示されたのが「子供がICTも活用しながら自ら学習を調整しながら学んでいくことができる」ようにしていくことであり、そのためには「個別最適な学び」の実現が必要であると提言している。

それでは、「個別最適な学び」とはどのような学びを指すのだろうか。従来より、「個に応じた指導」の必要性は指摘されてきたところだが、今回の答申において、「個別最適な学び」と「個に応じた指導」を次のように整理している。すなわち、教師視点から整理した概念が「個に応じた指導」であり、「個に応じた指導」を学習者視点から整理した概念が「個別最適な学び」であることが示されている。これらを図に示したものが図表である。

また答申では「個に応じた指導」は「指導の個別化」と「学習の個性化」から成ることが示されている。まず、「指導の個別化」は、「教師が支援の必要な子供により重点的な指導を行うことなどで効果的な指導を実現することや、子供一人一人の特性や学習進度、学習到達度等に応じ、指導方法・教材や学習時間等の柔軟な提供・設定を行うことなど」が示されている。つまり、集団に対して行う一斉指導とは異なり、個別に指導を行ったり、個別に指導方法を変えたりすることで、一人一人に効果的な指導を行うことが求められている。一方、「学習の個性化」は、「教師が子供一人一人に応じた学習活動や学習課題に取り組む機会を提供することで、子供自身が学習が最適となるよう調整する」ことが示されている。つまり、一律に学級の子ども全員が同じ学習課題に取り組むのではなく、一人一人の興味・関心に応じてそれぞれが異なる学習課題に取り組むことができるように工夫することが求められている。以上の「指導の個別化」と「学習の個性化」を教師視点から整理した概念が「個に応じた指導」であるとされる。

2つの学びを一体的に充実させていく

今回の答申において求められているのは先にも述べた通り「個別最適な学び」だけではない。もう一つのキーワードである「協働的な学び」は「個別最適な学び」と

■「個別最適な学び」と「協働的な学び」のイメージ図

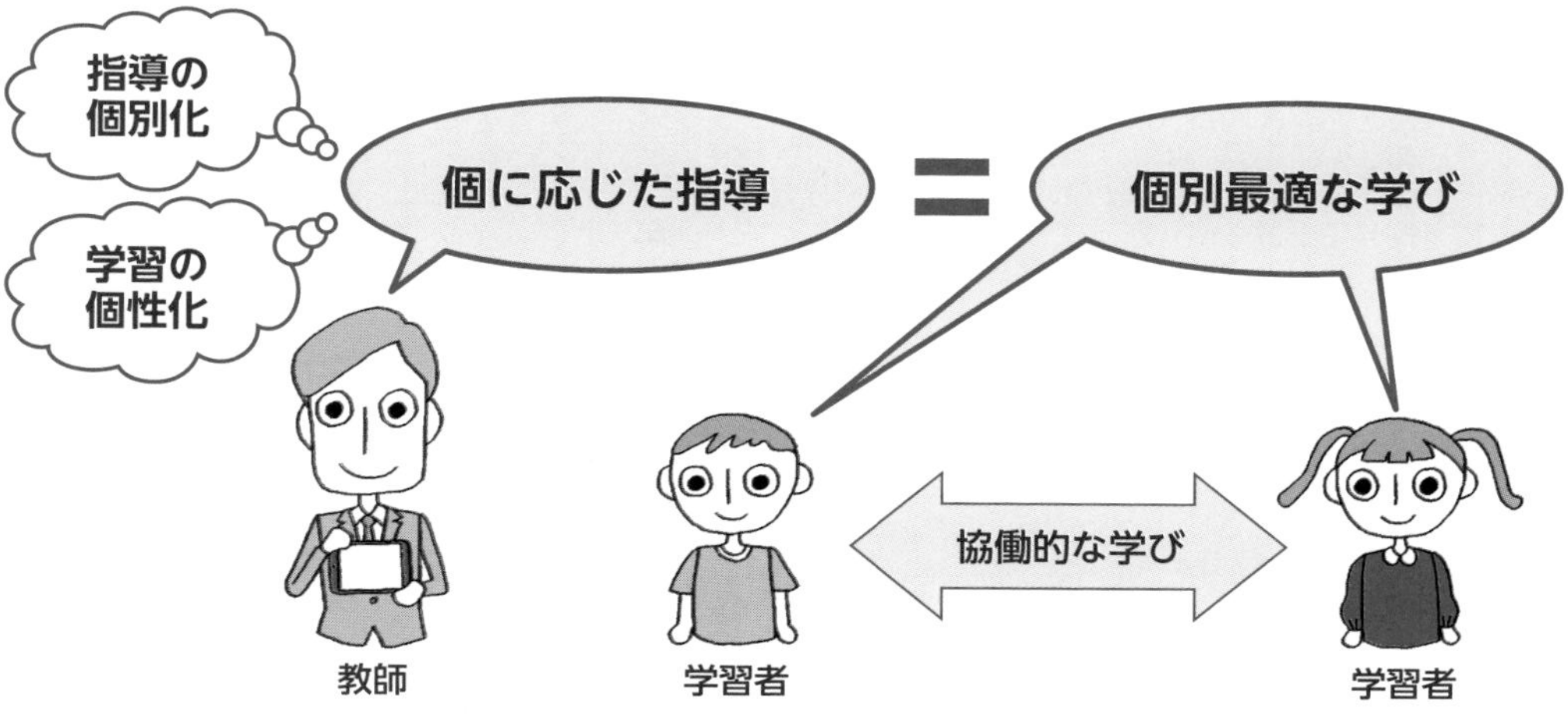

■ 2020年代を通じて実現すべき「令和の日本型学校教育」の姿

①個別最適な学び（「個に応じた指導」（指導の個別化と学習の個性化）を学習者の視点から整理した概念）

◆新学習指導要領では、「個に応じた」を一層重視し、指導方法や指導体制の工夫改善により、「個に応じた指導」の充実を図るとともに、コンピュータや情報通信ネットワークなどの情報手段を活用するために必要な環境を整えることが示されており、これらを適切に活用した学習活動の充実を図ることが必要

◆ GIGA スクール構想の実現による新たな ICT 環境の活用、少人数によるきめ細かな指導体制の整備を進め、「個に応じた指導」を充実していくことが重要

◆その際、「主体的・対話的で深い学び」を実現し、学びの動機付けや幅広い資質・能力の育成に向けた効果的な取組を展開し、個々の家庭の経済事情等に左右されることなく、子供たちに必要力を育む

②協働的な学び

◆「個別最適な学び」が「孤立した学び」に陥らないよう、探究的な学習や体験活動等を通じ、子供同士で、あるいは多様な他者と協働しながら、他者を価値ある存在として尊重し、様々な社会的な変化を乗り越え、持続可能な社会の創り手となることができるよう、必要な資質を育成する「協働的な学び」を充実することも重要

◆集団の中で個が埋没してしまうことのないよう、一人一人のよい点や可能性を生かすことで、異なる考え方が組み合わさり、よりよい学びを生み出す

文部科学省「『令和の日本型学校教育』」の構築を目指して～全ての子供たち可能性を引き出す、個別最適な学びと、協働的な学びの実現～（答申）」より抜粋

一体的に充実させていくことが求められている。

「協働的な学び」は２０１７・２０１８・２０１９年改訂学習指導要領において示されている「主体的・対話的で深い学び」にも関わるキーワードである。答申では「探究的な学習や体験活動などを通じ、子供同士で、あるいは地域の方々をはじめ多様な他者と協働しながら、あらゆる他者を価値のある存在として尊重し、様々な社会的な変化を乗り越え、持続可能な社会の創り手となることができる」ように「協働的な学び」を充実させることの重要性を示している。

コロナ禍において、この２つの学びを一体的に充実させていくことは学校現場にとって簡単なことではないだろう。ＧＩＧＡスクール構想の実現等、教育政策が次々に学校現場に影響を及ぼしている中で、各政策等を活用しながら２つの学びを実現していくような対応が求められている。

22 「生徒指導提要」の改訂と子どもへの発達支援

「生徒指導提要」の歴史をたどる

1965年、文部省は「生徒指導の手びき」を策定し、生徒指導を「個人の自己実現を助ける過程」として学校の生徒指導機能を高めようとした。

1981年には改訂版が公刊される。以降、80年代の少年非行のピーク、いじめ問題や不登校の増加、神戸児童殺傷事件、刑事処分年齢の14歳への引き下げなど後に影響する問題が発生する。2008年学習指導要領改訂では「生きる力」の育成、授業時間数増で基礎基本の定着をめざした。

そして、2010年にはさまざまな教育課題を背景に「生徒指導提要」が刊行される。前書きには、これまで、「小学校段階から高等学校段階までの生徒指導の理論・考え方や実際の指導方法等」を網羅的にまとめた基本書等がなかったとある。第6章で、いじめ、不登校、児童虐待など複数の個別課題を取り上げ、小から高までの発達段階を踏まえた具体的対応策を提示したこと、また、「組織的・体系的な生徒指導の取組を進める」と組織対応が生徒指導に不可欠なことを示した意味は大きい。

以降、約12年の間に、いじめ、不登校対応に起因する問題はより深刻化し、ここ数年は校則や部活動などが問題となっている。

法律では「いじめ防止対策推進法」「義務教育の段階における普通教育に相当する教育の機会の確保等に関する法律」「こども基本法」が成立。そして、組織体制の在り方など生徒指導を取り巻く状況が大きく変化し、一人一人が抱える多様な課題への対処が求められる。こうした中、2022年、時代に即した改訂が行われた。

生徒指導と子どもへの発達支援

新しい「生徒指導提要」では、生徒指導を「社会の中で自分らしく生きることができる存在へと児童生徒が自発的・主体的に成長や発達する過程を支える教育活動」とし、指導よりも個々の自発的・主体的な成長・発達を支援する大切さを提唱している。一人一人に寄り添い、発達状況を踏まえた支援が求められている。

例えば、教職員は日常的な発達支持的生徒指導において、学級活動や授業、行事を通して、全ての児童生徒が自分のよさを肯定し、自発的に自身を発達させるように働きかける。挨拶、対話、声かけ、励まし、賞賛などの支援行動を大切にしなければならない。

発達を支援する方策を提示する

2022年版「生徒指導提要」では、自発的・主体的に成長・発達する児童生徒を支援するための対応策を次のように提示している。

●第一部で支援する生徒指導の考え方を教科指導、道徳、特別活動など教育課程の観点、チーム学校、生徒指導と教育相談の一体体制などの組織の観点から説明している。

■「生徒指導提要」における生徒指導の支援構造

「生徒指導提要」（2010年版）→3層（①②③）構造

①成長を促す指導　（全ての児童生徒を対象に、個性を伸ばすことや、自身の成長に対する意欲を高めることをねらいとしたもの）
②予防的な指導　（一部の児童生徒を対象に、深刻な問題に発展しないように、初期段階で諸課題を解決することをねらいとしたもの）
③課題解決的な指導　（深刻な問題行動や悩みを抱え、なおかつその悩みに対するストレスに適切に対処できないような特別に支援を必要とする児童生徒の課題解決をねらいとしたもの）
※筆者がpp.20-21を参考に作成

「生徒指導提要」（2022改訂版）→2軸3類4層構造

図表1

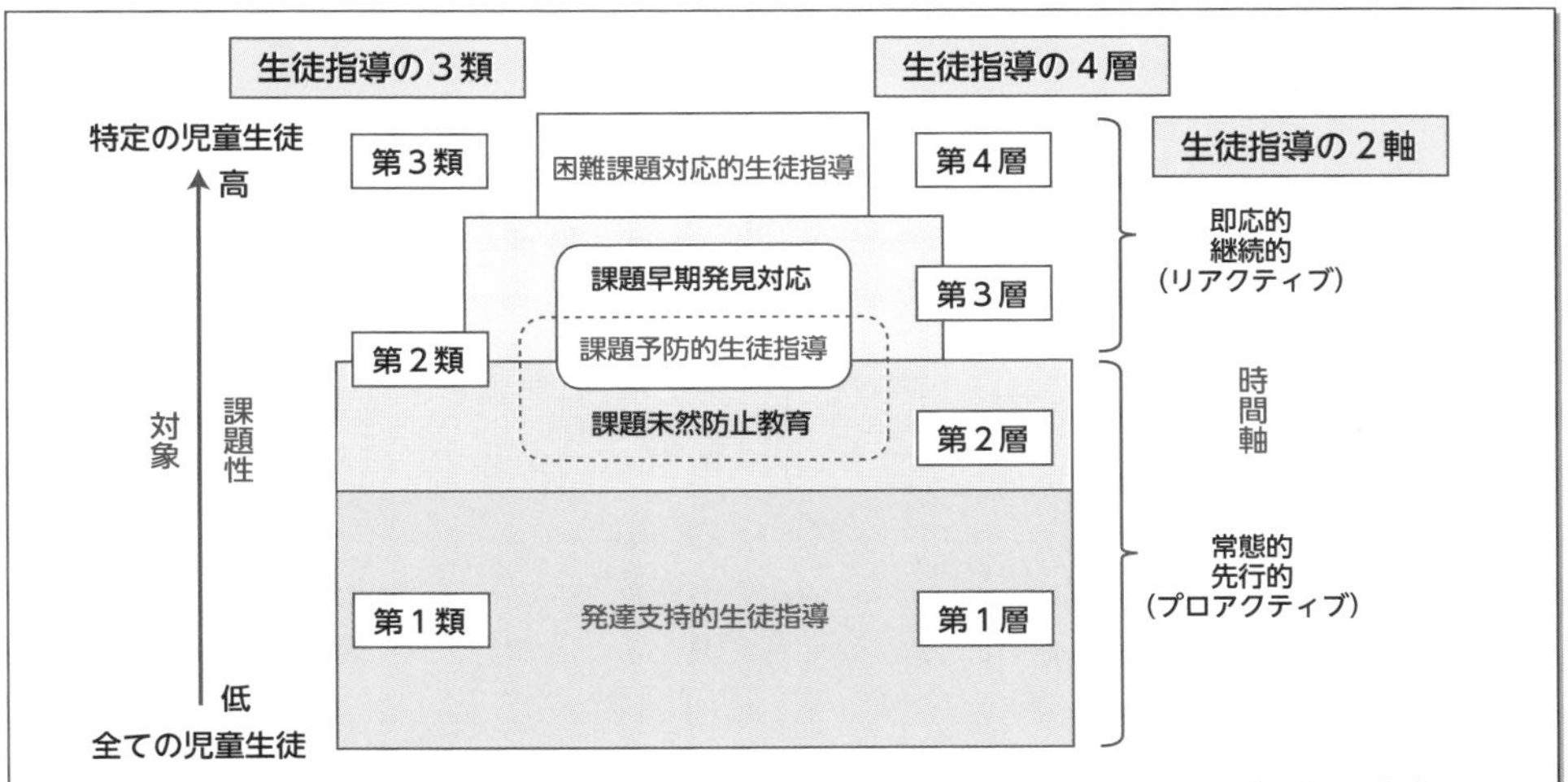

「生徒指導提要」（2022改訂版）p.19 図2「生徒指導の重層的支援構造」をもとに、筆者が加筆して作成

図表2

生徒指導の4層　　不登校対応の重層的支援構造より、各層ごとの対応・支援を抜粋

生徒指導の4層	対応・支援
第4層　困難課題対応的生徒指導	ケース会議に基づく、不登校児童生徒に対する家庭訪問やSC・SSW等によるカウンセリング、及び別室登校や校外関係機関と連携した継続的支援
第3層　課題早期発見対応	休み始めの段階でのアセスメント（スクリーニング会議）と、教職員、SC、SSW、保護者の連携・協働による支援の開始
第2層　課題未然防止教育	児童生徒のSOSを出す力の獲得と教職員の児童生徒の変化に気付きSOSを受け止める力の向上、及び教育相談体制の充実
第1層　発達支持的生徒指導	児童生徒にとって学校が安全・安心な居場所となるための「魅力ある学校づくり」と「分かりやすい授業」の工夫

「生徒指導提要」（2022改訂版）p.229より

●第二部で10の個別課題を設定し、個別と協働の観点から児童生徒の発達を踏まえて、支援方策を示している。

●多様化する問題への対応のため、生徒指導を3層構造から、2軸3類4層構造（図表1）にまとめ細かく捉え直し、取り組むべき対応を詳しく説明している。

●各個別課題の4層ごとに可能な限り、生徒指導にあたっての基本的な考え方や取り組み、チームでの組織対応のあるべき姿を説明している（図表2）。

また、今回の「生徒指導提要」には、学校が個別最適化と集団の協働での学びを重視する姿勢が底流にある。中教審では、日本型学校の教員の姿として、子どもの学びを支援する伴走者としての能力が提唱されている。

生徒指導の理解と研修の重要性は極めて高い。新しい「生徒指導提要」を多くの教職員が研修し、児童生徒の発達を支援する力を付ける必要がある。

23 個別最適な学びとデジタル教科書の活用

指導の個別化、学習の個性化とデジタル教科書の活用

2021年1月の中央教育審議会「『令和の日本型学校教育』の構築を目指して（答申）」では、1人1台の情報端末を活用することを前提に、個別最適な学びと協働的な学びを一体的に充実させていくことが示されている。また、個別最適な学びは「学習者の視点」とされ、これまでの個に応じた指導は「教師の視点」であり、区別して記述され、児童生徒たちが自己調整しながら学習を進めていくことが前提とされる。個別最適な学びは「指導の個別化」と「学習の個性化」に大別される。

(1) 指導の個別化とデジタル教科書の活用

答申において「指導の個別化」は次のように記述されている。

全ての子供に基礎的・基本的な知識・技能を確実に習得させ、思考力・判断力・表現力等や、自ら学習を調整しながら粘り強く学習に取り組む態度等を育成するためには、教師が支援の必要な子供により重点的な指導を行うことなどで効果的な指導を実現することや、子供一人一人の特性や学習進度、学習到達度等に応じ、指導方法・教材や学習時間等の柔軟な提供・設定を行うことなどの「指導の個別化」が必要である。

写真①は小学校6年生外国語科でデジタル教科書を活用している様子である。「Who are you ?」ゲームで like, play, have, want の表現に親しんだ子どもたちが、友だちや有名人について「Who is he/she ?」クイズを作る場面で、自分が表したい特徴にあった英語表現について、既習事項やデジタル教科書、Ｇｏｏｇｌｅ翻訳などを活用しながら表すことを通して、人の特徴を表す英語の表現に親しむ活動であった。授業者は、これまでの学習指導は、全体で画面に映したり、教材を黒板に貼ったりしながら全体で確認していたが、一人一人が学習者用デジタル教科書を活用できるようになったことで、一人一人が発音を聞いて、自分で確認できるようになったことにデジタル教科書の良さを感じていた。さらに、発音が苦手な児童についても、音声マークを押すことで確認できたり、デジタル教科書が代弁して発音してくれることで発音、発話することに対するハードルが下がることに良さを感じていた。このように、デジタル教科書が一人一人の知識・技能の定着や向上に寄与していると考えられる。

(2) 学習の個性化とデジタル教科書

答申において「学習の個性化」は次のように記述されている。

基礎的・基本的な知識・技能等や、言語能力、情報活用能力、問題発見・解決能力等の学習の基盤となる資質・能力等を土台として、幼児期からの様々な場を通じての体験活動から得た子供の興味・関心・キャリア形成の方向性等に応じ、探究において課題の設定、情報の収集、整理・分析、まとめ・表現を行う等、教師が子供一人一人に応じた学習活動や学習

■ 学習者用デジタル教科書

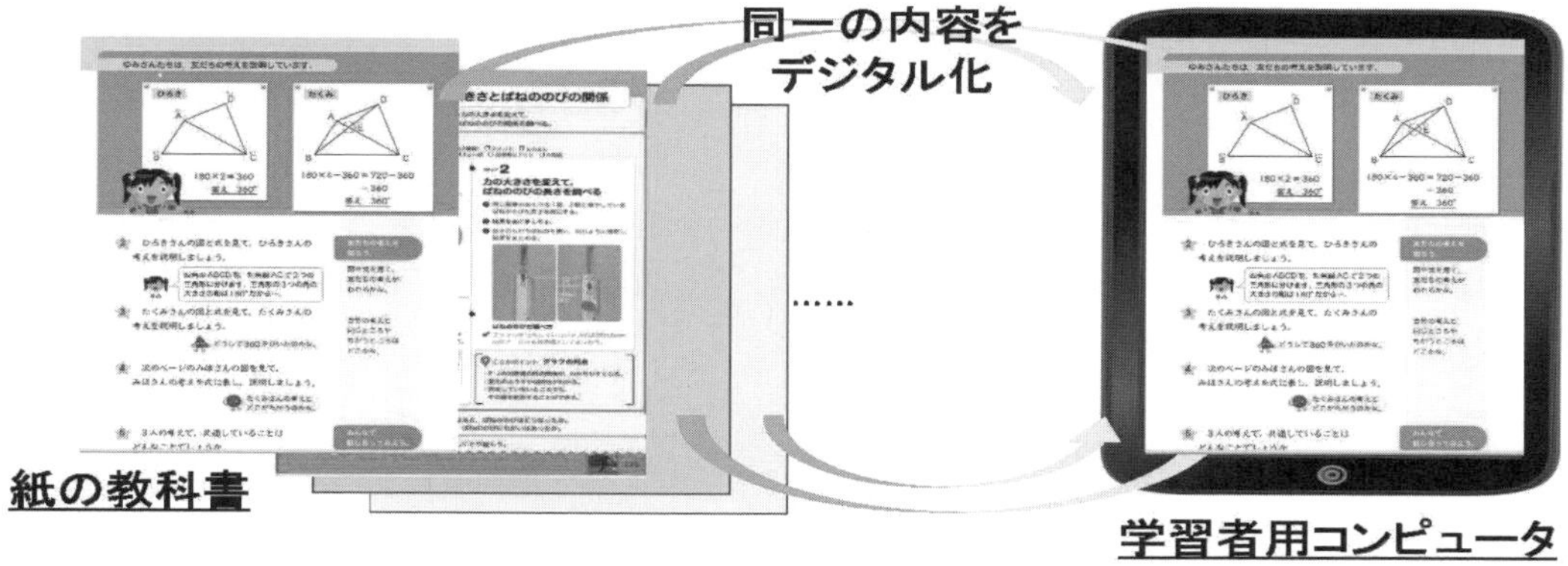

出典：文部科学省「学習者用デジタル教科書について」

写真①　小学校６年生外国語科でデジタル教科書を活用している様子

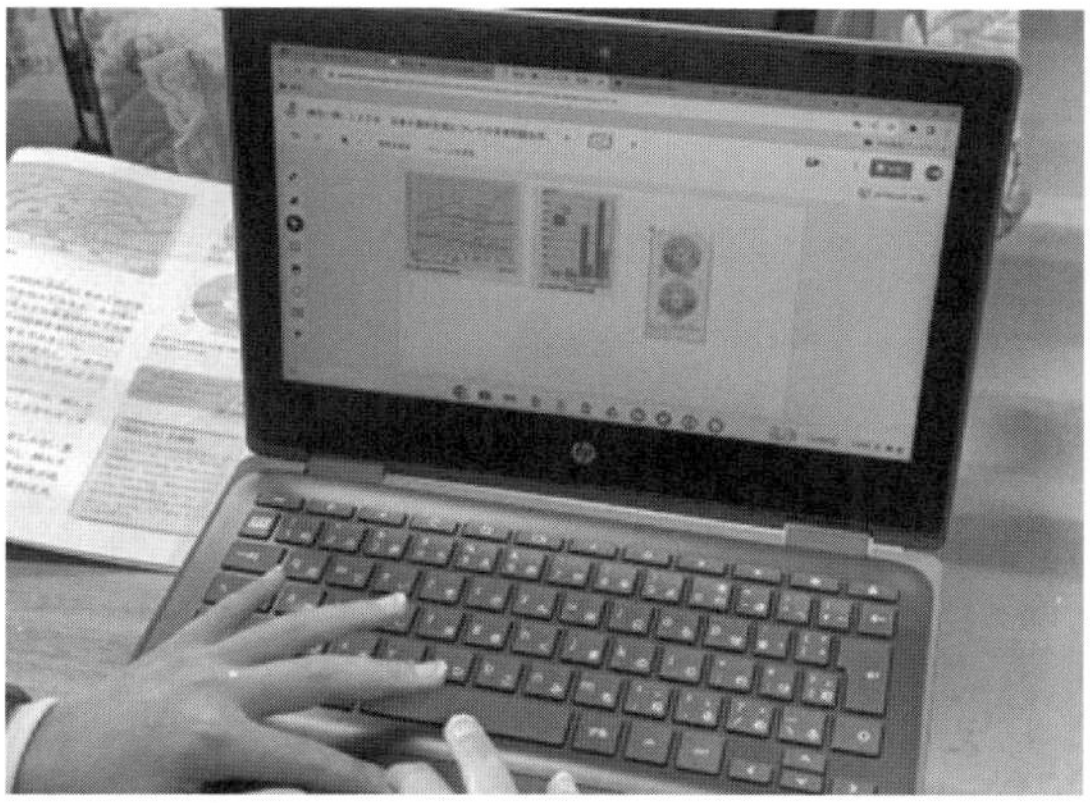

写真②　小学校５年生社会科でデジタル教科書を活用している様子

課題に取り組む機会を提供することで、子供自身が学習が最適となるよう調整する「学習の個性化」も必要である。

写真②は小学校5年生社会科でデジタル教科書を活用している様子である。このクラスでは、一人一人が学習課題を立て、1時間の学習過程を自分で計画して取り組んでいる。デジタル教科書のほか、教科書、デジタルコンテンツ（「NHK for School」ほか）、Webサイトなど、多様なメディアから情報を収集し、汎用アプリケーションを活用して、整理したり、まとめたりしていた。学習が個性化していくため、整理したりまとめたりするための汎用アプリケーションも児童が選択している。このときに児童がデジタル教科書で使う機能はシンプルで、写真拡大や切り取り・貼り付け、動画の資料だった。汎用アプリケーションとシンプルな機能の活用によって、学習の個性化に取り組みやすくしていると考えられる。

参考文献　文部科学省「学習者用デジタル教科書の効果的な活用の在り方等に関するガイドライン（改訂版）」(2021)

24 授業日・休業日・授業時数

授業日

授業日は、学校において編成した教育課程を実施する日である。

運動会や遠足などの実施日は授業日であるが、長期休業期間中に登校日や林間学舎などの実施日を設けたとしても自由参加の場合や、学習指導要領に定める教育課程である各教科、特別活動、総合的な学習の時間、外国語活動を実施しない場合は、授業日とはみなさない。

ただし、長期休業期間中であっても、教育委員会の学校管理規則の定めるところに基づき、所定の手続きを経て教育課程を実施する場合や、国民の祝日等に教育課程に基づいた学校行事を実施した場合は、授業日となる。

休業日・臨時休業日

休業日は、授業を行わない日である。

公立学校における休業日は、学校教育法施行規則第61条（小学校）において、祝日や土曜日・日曜日のほか、学校教育法施行令第29条の規定により教育委員会が定めることとなっている。なお、私立小学校における学期及び休業日は、当該学校の学則で定める（学校教育法施行規則第62条）。

また、「公立の学校の学期並びに夏季、冬季、学年末、農繁期等における休業日又は家庭及び地域における体験的な学習活動その他の学習活動のための休業日は、市町村又は都道府県の設置する学校にあつては当該市町村又は都道府県の教育委員会が、公立大学法人の設置する学校にあつては当該公立大学法人の理事長が定める」（学校教育法施行令第29条）とされている。

臨時休業には、学校教育法施行規則第63条による、非常変災その他急迫の事情があるときに校長が決定する臨時休業や、学校保健安全法第20条による、感染症予防上必要があるときに学校設置者が決定する臨時休業などがある。非常変災その他急迫事情による臨時休業の際は、公立学校においては校長が、期間・児童生徒数・概要等を当該学校を設置する教育委員会に報告しなければならない。

授業時数の確保と課題

標準授業時数は、学習指導要領で示している各教科等の内容を指導するのに要する時数を基礎として、学校運営の実態などの条件を考慮して国が定めたものである。小学校・中学校・義務教育学校・中等教育学校の前期課程では、学校教育法施行規則において、教科等ごと、学年ごとに標準授業時数を定めている。

各学校においては、標準授業時数等を踏まえ、学校の教育課程全体のバランスを図りながら、児童生徒・学校・地域の実態等を考慮し、学習指導要領に基づいて各教科等の教育活動を適切に実施するための授業時数を具体的に定め、適切に配当する必要がある。

標準授業時数は学習指導要領に示す各教科等の内容の指導の質を担保するための量的な枠組みとし

学校の休業と決定権者

措置	決定権者	根拠
学期・休業日	学校設置者（教育委員会）	学校教育法施行令第 29 条
非常変災による臨時休業	校長（後に設置者に報告）	学校教育法施行規則第 63 条
感染症の予防による臨時休業	学校設置者（教育委員会）	学校保健安全法第 20 条

小学校の授業時数

区分	各教科の授業時数										特別の教科である道徳の授業時数	外国語活動の授業時数	総合的な学習の時間の授業時数	特別活動の授業時数	総授業時数
	国語	社会	算数	理科	生活	音楽	図画工作	家庭	体育	外国語					
第1学年	306		136		102	68	68		102		34			34	850
第2学年	315		175		105	70	70		105		35			35	910
第3学年	245	70	175	90		60	60		105		35	35	70	35	980
第4学年	245	90	175	105		60	60		105		35	35	70	35	1015
第5学年	175	100	175	105		50	50	60	90	70	35		70	35	1015
第6学年	175	105	175	105		50	50	55	90	70	35		70	35	1015

備考

1　この表の授業時数の 1 単位時間は、45 分とする。

2　特別活動の授業時数は、小学校学習指導要領で定める学級活動（学校給食に係るものを除く。）に充てるものとする。

3　第 50 条第 2 項の場合において、特別の教科である道徳のほかに宗教を加えるときは、宗教の授業時数をもつてこの表の特別の教科である道徳の授業時数の一部に代えることができる。（別表第 2 から別表第 2 の 3 まで及び別表第 4 の場合においても同様とする。）

中学校の授業時数

区分		第 1 学年	第 2 学年	第 3 学年
各教科の授業時数	国　語	140	140	105
	社　会	105	105	140
	数　学	140	105	140
	理　科	105	140	140
	音　楽	45	35	35
	美　術	45	35	35
	保健体育	105	105	105
	技術・家庭	70	70	35
	外国語	140	140	140
特別の教科である道徳の授業時数		35	35	35
総合的な学習の時間の授業時数		50	70	70
特別活動の授業時数		35	35	35
総授業時数		1015	1015	1015

備考

1　この表の授業時数の 1 単位時間は、50 分とする。

2　特別活動の授業時数は、中学校学習指導要領で定める学級活動（学校給食に係るものを除く。）に充てるものとする。

て、これまで教育の機会均等や水準確保に大きな役割を果たしてきた。しかし、すべての子どもたちの可能性を引き出す、個別最適な学びと協働的な学びの実現を目指す「令和の日本型学校教育」においては、標準授業時数の在り方について、児童生徒や教師の負担について考慮すべきとの指摘や、学習状況に課題のある児童生徒を含めて指導すべき内容を教えることが可能になっているのかという見地に立って、ICTを活用した学習指導を踏まえた柔軟な在り方について検討が必要といった指摘がある。

　また、新型コロナウイルス感染症により始まったオンライン授業の在り方についても検討する必要がある。今後いつこのような災害に見舞われるかわからないため、授業時数確保のために、突発的な臨時休校に備えて避難訓練と同様に定期的に「オンライン授業訓練の日」を設けるなど、平時からきめ細かい対応が求められる。

※学校教育法施行規則第 61 条・第 62 条の規定は、幼稚園（第 39 条）、中学校（第 79 条）、義務教育学校（第 79 条の 8）、高等学校（第 104 条）、中等教育学校（第 113 条）、特別支援学校（第 135 条）、高等専門学校（第 179 条）に準用する。

25 学習評価と指導要録

学習評価の在り方

中央教育審議会の教育課程部会から、２０１９年1月に「児童生徒の学習評価の在り方について（報告）」という文書が出された。これは、新学習指導要領における「主体的・対話的で深い学び」に沿った新しい学習評価の方向性を定めたものである。

それに続いて、この「報告」を受けて、文部科学省は初等中等教育局長名で、「小学校、中学校、高等学校及び特別支援学校等における児童生徒の学習評価及び指導要録の改善等について（通知）」という文書を出して、新しい学習評価の在り方について全国の教育委員会や都道府県知事、地方公共団体の長などに周知、依頼した。

「通知」が示す評価の課題

「通知」では、これまでの学習評価には次のような5つの課題があったと指摘している。

●学期末や学年末などの事後での評価に終始してしまうことが多く、評価の結果が児童生徒の具体的な学習改善につながっていない

●現行の「関心・意欲・態度」の観点について、挙手の回数や毎時間ノートをとっているかなど、性格や行動面の傾向が一時的に表出された場面を捉える評価であるような誤解が払拭しきれていない

●教師によって評価の方針が異なり、学習改善につながりにくい

●教師が評価のための「記録」に労力を割かれて、指導に注力できない

●相当な労力をかけて記述した指導要録が、次の学年や学校段階において十分に活用されていない

このような課題を解決するために、新学習指導要領のねらいを生かした学習評価の在り方の基本方針を、次の3点に定めた。

①児童生徒の学習改善につながるものにしていくこと

②教師の指導改善につながるものにしていくこと

③これまで慣行として行われてきたことでも、必要性・妥当性が認められないものは見直していくこと

ここでもっとも大切なことは、①の「学習改善につながるものにしていくこと」というポイントである。つまり、学習評価は、授業中での子どもの学習状況の見取りだけでなく、指導要録に記入する評価データや評価資料を集めることに加えて、子どもたちの学習が、より「主体的・対話的で深い学び」になるように改善されることにつながるものでなければならないという指摘である。

主体的に学習に取り組む態度

次に、「児童生徒の学習評価の在り方について（報告）」とともに公表された、新しい指導要録の参考様式について見てみよう。この中では新たに、観点別学習状況の評価の観点として「主体的に学習に取り組む態度」が設定された。

この評価の在り方については、文部科学省が２０１９年に出した

「主体的に学習に取り組む態度」の評価の方法

具体的な評価方法としては、ノートやレポート等における記述、授業中の発言、教師による行動観察や、児童生徒による自己評価や相互評価等の状況を教師が評価を行う際に考慮する材料の一つとして用いることなどが考えられます。その際、各教科等の特質に応じて、児童生徒の発達の段階や一人一人の個性を十分に考慮しながら、「知識・技能」や「思考・判断・表現」の観点の状況を踏まえた上で、評価を行う必要があります。

文部科学省「学習評価の在り方ハンドブック（小・中学校編）」2019 年、p.8

「自らの学習を調整しようとする側面」とは…

自らの学習状況を把握し、学習の進め方について試行錯誤するなどの意思的な側面のことです。評価に当たっては、児童生徒が自らの理解の状況を振り返ることができるような発問の工夫をしたり、自らの考えを記述したり話し合ったりする場面、他者との協働を通じて自らの考えを相対化する場面を、単元や題材などの内容のまとまりの中で設けたりするなど、「主体的・対話的で深い学び」の視点からの授業改善を図る中で、適切に評価できるようにしていくことが重要です。

文部科学省「学習評価の在り方ハンドブック（小・中学校編）」2019 年、p.9

国語（1）評価の観点及びその趣旨

＜小学校　国語＞

観点	知識・技能	思考・判断・表現	主体的に学習に取り組む態度
趣旨	日常生活に必要な国語について、その特質を理解し適切に使っている。	「話すこと・聞くこと」、「書くこと」、「読むこと」の各領域において、日常生活における人との関わりの中で伝え合う力を高め、自分の思いや考えを広げている。	言葉を通じて積極的に人と関わったり、思いや考えを広げたりしながら、言葉がもつよさを認識しようとしているとともに、言語感覚を養い、言葉をよりよく使おうとしている。

＜中学校　国語＞

観点	知識・技能	思考・判断・表現	主体的に学習に取り組む態度
趣旨	社会生活に必要な国語について、その特質を理解し適切に使っている。	「話すこと・聞くこと」、「書くこと」、「読むこと」の各領域において、社会生活における人との関わりの中で伝え合う力を高め、自分の思いや考えを広げたり深めたりしている。	言葉を通じて積極的に人と関わったり、思いや考えを深めたりしながら、言葉がもつ価値を認識しようとしているとともに、言語感覚を豊かにし、言葉を適切に使おうとしている。

文部科学省「小学校、中学校、高等学校及び特別支援学校等における児童生徒の学習評価及び指導要録の改善等について（通知）」より

「学習評価の在り方ハンドブック」の中で、図表・上のように特徴づけている。また、「主体的に学習に取り組む態度」は、「粘り強い取組を行おうとする側面」と「自らの学習を調整しようとする側面」の2つからなることを示し、図表・中のように特徴づけている。

評価の観点及びその趣旨

先述の「通知」とともに公示された別紙4「各教科等・各学年等の評価の観点等及びその趣旨」に小学校及び中学校の例示が、そして別紙5に高等学校の例示がなされている。

具体例として、図表・下に国語科を挙げる。どの教科でも、第3観点は「主体的に学習に取り組む態度」となっている。

各学校においては、これらの参考資料をもとにして、新しい学習指導要領のもとでの学習評価の在り方を具体的に策定することが必要になる。

参考文献　田中博之『「主体的・対話的で深い学び」学習評価の手引き』（教育開発研究所、2020 年）

26 子どものネット依存防止

「ネット依存」の問題

近年、インターネットを利用する多くの児童生徒の間でネット依存が深刻な問題となっている。「平成29年度循環器疾患・糖尿病等生活習慣病対策総合研究事業『飲酒や喫煙等の実態調査と生活習慣病予防のための減酒の効果的な介入方法の開発に関する研究』（研究代表者・尾崎米厚）報告書」では、ネット依存が疑われる中学生、高校生が5年前に比べて約40万人増加し、全国で約93万人に上ることが推計されている。さらに昨今のコロナ禍による外出自粛に伴い、その数も増加している可能性が高いことが懸念される。

ただしネット依存の診断基準は確立しておらず、依存的な症状も、今のところ明確な疾患として認められていない。呼称もネット依存（症）、インターネット依存（症）などと統一されていない。

新たな疾患「ゲーム障害」

一方、2019年5月のWHO年次総会の委員会において「ゲーム障害」が国際的に新たな疾患として認められることとなった。国際疾病分類の改訂版「ICD—11」において治療が必要な精神疾患に分類されたのである。

「ICD—11」では①ゲームの時間や頻度などを自分でコントロールできない、②日常の関心ごとや日々の活動よりもゲームを優先する、③家庭、学校、職場などの日常生活に大きな問題が生じてもゲームにのめり込む、このような状態が1年間（重症であればより短期間）続くことがゲーム障害の臨床的特徴として示されている。

ゲーム障害と前述のネット依存は、今のところ右のような違いはあるが、陥ることで生じる生活習慣の乱れ、心身の健康・発達、また日常生活への悪影響など、問題点を共有している部分が多い。

「生徒指導提要」におけるネット依存・ゲーム障害の位置づけ

2022年12月、12年ぶりに改訂された「生徒指導提要」が公表された。この中でネット依存・ゲーム障害に関わる記述として、第11章の11・2・1指導・啓発における留意事項⑷「ネットの長時間利用」に「SNSでのやり取りや動画視聴等が長時間に及び、生活に支障が出ることがあります。こうしたネットの長時間利用により日常生活に支障が出るような状態については、生徒指導上の課題として捉えることも状況によっては必要になります」とある。そこでは学校に求められる組織的取り組みの例として、多方面の専門家からなる対策委員会を設置し、的確な対応ができるように準備しておくこと、緊急時の相談先を普段から確認しておくことなどが挙げられている。児童生徒の行動からネット依存が疑われたときには、すぐに専門家、専門機関に相談するなどの迅速な対応をとれるようにしておく必要がある。また未然防止の取り組みとして、教育課程を横断した取り組みが必要とされ

■ ネット依存・ゲーム障害予防のための教科横断的な学習を取り入れた単元モデル

	教科	主な学習活動例の概略
中学校	特別活動	自分自身のインターネットやゲームの利用状況、インターネット依存傾向を把握し、これらを改善するための行動目標を考える。
	保健	健康の保持増進や生活習慣病などの予防のためには調和のとれた生活が大切であることを学び、ネットやゲームに生活を乱されないために意識することを考える。
	家庭	消費行動の観点から、ネット上で金銭トラブルが生じたり、多額の課金をしてしまったりする要因について考える。
	理科	インターネット・ゲームを長時間利用することによる身体への悪影響について学習する。
	技術	諸外国のインターネット依存の状況、対策などについて調べ学習を行う。
高等学校	保健	インターネット依存の発生メカニズムや依存の人に見られやすい心理や行動について学習する。
	情報	「家庭生活や学校生活などの日常生活に深刻な問題を生じさせないゲーム・インターネット利用のあり方」についてグループ討論をする。
	国語	自身だけでなく、相手の利用時間や状況なども意識しながら上手にSNS等でコミュニケーションをとるために心がけることについて考える。
	HR	個人とクラス全体でネット利用において意識すべき行動目標を考える。

鶴田利郎（2022）「中学校・高等学校における継続的なインターネット依存・ゲーム障害の予防教育の授業実践」『コンピュータ＆エデュケーション』第53巻、pp. 82-85をもとに作成

■ ネット依存を測定するためのチェックリスト項目

① いつもインターネットのことが頭から離れない。
② インターネットをしていないと、落ち込んだり不安になったりする。
③ 相手からのメッセージが来ないと不安になる。
④ メッセージを送信すると返信が気になって何度も携帯電話をチェックする。
⑤ インターネットの利用時間が深夜零時以降も、1時間以上続くことがある。
⑥ インターネットに夢中になって睡眠時間が短くなることがある。
⑦ 歩きながら、もしくは自転車に乗りながら携帯電話を使用することがある。
⑧ 人と話しているときでも、話しながらスマホなどでインターネットをすることがある。
⑨ 対面でのコミュニケーションは、ネットでのコミュニケーションよりも苦手だと思う。
⑩ ネットでのコミュニケーションが増え、他者と対面で話すことを避けるようになっている。

鶴田利郎ほか（2019）「高校生向けインターネット依存傾向測定尺度における Visual Analog Scale の応用」『バイオメディカル・ファジィ・システム学会誌』第21巻1号、pp.31-39をもとに作成

ている（後述）。

ネット依存・ゲーム障害は、学校だけでは解決が難しい、家庭における利用上の課題もある。そのため、例えば授業参観において児童生徒と保護者が利用時間や利用場所などのルールについて共に考える機会を設ける、保護者会において専門家から学ぶ機会を設けるなど、学校・家庭・専門家等との連携をとりながら進めていくことが重要である。

予防教育の展開

最後に、筆者が以前に実践研究として取り組んだ予防教育の単元モデル例を示したい（図表・上）。さまざまな教科の特性を活かし、多角的にネット・ゲームについて考える教育が行われることが望まれる。またネット依存を測定するチェックリスト項目（図表・下）を活用し、定期的に自身の依存状態を児童生徒に自覚させ、必要に応じてネット利用行動の見直しを促すことも効果的である。

27 外国人児童生徒の教育

外国籍の子どもの保護者には義務教育段階の子どもを就学させる義務が課されていない

外国人児童生徒とは、日本の学校に在籍する外国籍の児童生徒を指している。学校基本調査によれば、２０２１年度の小学校教育段階から高校教育段階までの外国人児童生徒の在籍者数（国立、公立、私立の合計）は、12万２５６９人である（文部科学省『令和３年度学校基本調査報告書』２０２２年）。

外国人児童生徒の教育について教育法規の視点から考えると、日本人児童生徒との違いは、まずは義務教育諸学校への入学の際に生じる。外国籍の子どもの保護者には義務教育段階の子どもを就学させる義務（学校教育法第17条など）が課されていない。その上で、外国籍の子どもの保護者が就学を希望すれば、公立義務教育諸学校は外国籍の子どもを受け入れることになっている。

その一方で、外国籍の子どもの保護者には就学義務が課されていないため、外国籍の子どもの中には不就学の可能性がある子どもが存在している。文部科学省は２０21年度に不就学の状況などを把握するための全国規模の調査を実施した（２０１９年度に続き2回目）。調査結果からは、義務教育段階の1万46人の外国人の子どもが不就学の可能性があると考えられることがわかった（文部科学省「外国人の子供の就学状況等調査（令和3年度）」）。

日本語指導の要否によって異なる受け入れ校の対応

入学後の外国人児童生徒については、日本語指導が必要か否かによって、受け入れ校の対応が異なる。日本語指導が必要ではない場合は、日本人児童生徒と基本的に制度上同じ扱いになるのに対して、日本語指導が必要な場合は、日本語指導が必要な児童生徒のための制度が用意されている場合がある。文部科学省は義務教育諸学校での日本語指導を「特別の教育課程」として２０１４年度から位置づけている。２０２１年度の調査によれば、全国の義務教育諸学校のうち、４９４1校で「特別の教育課程」による日本語指導が実施されている（文部科学省「日本語指導が必要な児童生徒の受入状況等に関する調査（令和３年度）」）。

文部科学省では現在、「日本語指導が必要な児童生徒の受入状況等に関する調査」を2年に1度実施している。２０２１年度の同調査結果によれば、日本語指導が必要な外国籍の児童生徒数は4万7６１９人である。学校種ごとに見ると、小学校は3万１１８９人、中学校は1万１２８０人、高等学校は４２９２人、義務教育学校は３３９人（前期課程１８３人、後期課程１５６人）、中等教育学校は66人（前期課程49人、後期課程17人）、特別支援学校は４５３人となっている。

「特別の教育課程」による日本

■ 中央教育審議会答申「『令和の日本型学校教育』の構築を目指して ～全ての子供たちの可能性を引き出す、個別最適な学びと、協働的な学びの実現～」（抜粋）

第Ⅱ部　各論
5．増加する外国人児童生徒等への教育の在り方について

（1）基本的な考え方
○外国人の子供たちが将来にわたって我が国に居住し、共生社会の一員として今後の日本を形成する存在であることを前提に、関連施策の制度設計を行うとともに、我が国の学校で学ぶ外国人の子供たちが急増している現状を踏まえた施策の充実を図る必要がある。

○また、日本語指導が必要な外国人児童生徒等が将来への現実的な展望が持てるよう、キャリア教育や相談支援などを包括的に提供することや、子供たちのアイデンティティの確立を支え、自己肯定感を育むとともに、家族関係の形成に資するよう、これまで以上に母語、母文化の学びに対する支援に取り組むことも必要である。

○加えて、日本人の子供を含め、多様な価値観や文化的背景に触れる機会を生かし、多様性は社会を豊かにするという価値観の醸成やグローバル人材の育成など、異文化理解・多文化共生の考え方に基づく教育に更に取り組むべきである。

語指導を含めた、特別の配慮に基づく指導を受けている外国籍の児童生徒の割合は、全体の91・0％であり、2021年度の調査では学校で何らかの日本語指導等を多くの児童生徒が受けている。

外国人児童生徒等への教育の在り方

最後に、外国人児童生徒を対象とする教育政策の動向を見てみると、2019年4月、文部科学大臣は中央教育審議会に対して、今後の初等中等教育について諮問した。その際の主な検討事項の一つは、「増加する外国人児童生徒等への教育の在り方」であった。諮問を受けた中教審は2021年1月に答申を発表しており、答申では、増加する外国人児童生徒等への教育の在り方に対する基本的な考え方が3つ示された（図表）。これらの基本的な考え方は、外国人児童生徒の教育に対する、文部科学省の今後の政策に反映されていくと考えられる。

28 学校における子どもの権利の保障

子どもの尊厳に基づいて人権が尊重される

日本国憲法第13条では、「すべて国民は、個人として尊重される」と定められており、大人だけではなく、子どもも個人として尊重される存在として位置づけられている。また、憲法第11条では、「国民は、すべての基本的人権の享有を妨げられない」と定められており、大人だけではなく、子どもも人権の享有主体として位置づけられている。人権は個人の尊厳に基づいて尊重されるため、学校においてもそれぞれの子どもの尊厳に基づいて人権が尊重されなければならない。

その上で、憲法第26条1項に規定されている教育を受ける権利は、子どもだけの権利ではないものの、学校における子どもの権利の中で代表的な権利と言える。教育を受ける権利は、現在は学習権を中心にして理解されている。1976年の旭川学力テスト事件の最高裁判所の判決では、「国民各自が、一個の人間として、また、一市民として、成長、発達し、自己の人格を完成、実現するために必要な学習をする固有の権利を有すること、特に、みずから学習することのできない子どもは、その学習要求を充足するための教育を自己に施すことを大人一般に対して要求する権利を有するとの観念が存在していると考えられる」と示されている（最高裁大法廷判決昭和51年5月21日刑事判例集30巻5号615頁）。

こうした中で、学校において体罰が発生した場合は、子どもの教育を受ける権利の保障を妨げる問題と言える。体罰は学校教育法第11条で禁止されており、教員による体罰や不適切な指導によって、子どもの教育を受ける権利の保障が妨げられてはならない。

校則は「生徒指導提要」の中でも触れられている

その一方で、子どもは成長途上であるため、必ずしも大人と同じように権利保障がなされるわけではない。子どもの権利には大人とは異なる特別な制限があり、学校について考えると、一つの例として校則がある。

２０２２年12月に公表された「生徒指導提要（改訂版）」では、「校則は、各学校が教育基本法等に沿って教育目標を実現していく過程において、児童生徒の発達段階や学校、地域の状況、時代の変化等を踏まえて、最終的には校長により制定されるもの」とされている。その上で、「校則は……児童生徒や保護者等の学校関係者からの意見を聴取した上で定めていくことが望ましいと考えられます。また、その見直しに当たっては、児童会・生徒会や保護者会といった場において、校則について確認したり議論したりする機会を設けるなど、絶えず積極的に見直しを行っていくことが求められる」とし、また「校則を見直す際に児童生徒が主体的に参加し意見表明することは、学校のルールを無批判に受け入れるのではなく、自

こども基本法

第3条　こども施策は、次に掲げる事項を基本理念として行われなければならない。

1　全てのこどもについて、個人として尊重され、その基本的人権が保障されるとともに、差別的取扱いを受けることがないようにすること。

2　全てのこどもについて、適切に養育されること、その生活を保障されること、愛され保護されること、その健やかな成長及び発達並びにその自立が図られることその他の福祉に係る権利が等しく保障されるとともに、教育基本法（平成18年法律第120号）の精神にのっとり教育を受ける機会が等しく与えられること。

3　全てのこどもについて、その年齢及び発達の程度に応じて、自己に直接関係する全ての事項に関して意見を表明する機会及び多様な社会的活動に参画する機会が確保されること。

4　全てのこどもについて、その年齢及び発達の程度に応じて、その意見が尊重され、その最善の利益が優先して考慮されること。

5　こどもの養育については、家庭を基本として行われ、父母その他の保護者が第一義的責任を有するとの認識の下、これらの者に対してこどもの養育に関し十分な支援を行うとともに、家庭での養育が困難なこどもにはできる限り家庭と同様の養育環境を確保することにより、こどもが心身ともに健やかに育成されるようにすること。

6　家庭や子育てに夢を持ち、子育てに伴う喜びを実感できる社会環境を整備すること。

身がその根拠や影響を考え、身近な課題を自ら解決するといった教育的意義を有するものとなります」と明記されている（文部科学省「生徒指導提要（改訂版）」2022年、101～103頁）。

こうした「生徒指導提要」の方向性は、2022年6月に制定された、こども基本法の内容を踏まえたものと言える。こども基本法は、こども施策の基本理念や基本となる事項を定め、こども施策を総合的に推進することを目的とする法律である。同法では第3条にこども施策の基本理念が6つ規定されており（図表）、第3号にこどもの意見を表明する機会が確保されること、第4号にこどもの意見が尊重され、その最善の利益が優先して考慮されることが規定されている。

こども施策の基本理念は、学校における子どもの権利を保障するには、子どもの意見表明を尊重する立場にある教師の役割が重要であることを示しているだろう。

29 出席停止

出席停止が行われる際の具体的シーンとは

学校は、児童生徒が安心して、安全な学習環境で学ぶことができるところである。他の児童生徒から暴力や暴言を受けたり、あるいは感染症がうつされたりする心配などがあると、落ち着いて学ぶことができない。このような事態にならないよう出席停止が行われることがある。児童生徒の出席停止は次のように主に2つの場面が実際に行われるものである。一つは児童生徒の性行不良を理由とした学校教育法第35条の出席停止であり、もう一つは感染症予防のための学校保健安全法第19条の出席停止である。

児童生徒が安心して学校生活を送るために

性行不良については、従来その出席停止には具体的な基準が示されていなかった。しかし学校は児童生徒が安心して学ぶことができる場でなければならず、教育改革国民会議は「問題を起こす子どもによって、そうでない子どもたちの教育が乱されないようにする」とし、「出席停止など適切な措置をとる」ことを求めた（「教育改革国民会議最終報告―教育を変える17の提案―」（２０００年12月）。この提案を受けて政府は、「学校教育法の一部を改正する法律」を成立させ、性行不良に該当する行為を明示する等の改正を行い、２００１年11月6日の通知でその発動要件を明確にした。

性行不良に基づく出席停止は、市町村の小・中学校、義務教育学校等に在籍する学齢児童・学齢生徒を対象とし、市町村の教育委員会から保護者に対して命じられる。校長が命じるものではない。そしてその要件は、①他の児童生徒に傷害、心身の苦痛または財産上の損失を与える行為、②職員に傷害または心身の苦痛を与える行為、③施設または設備を損壊する行為、④授業その他の教育活動の実施を妨げる行為、これらを繰り返し行い、「他の児童生徒の教育に妨げがある」と認められる場合である（学校教育法第35条1項、49条、49条の8）。

性行不良に基づく出席停止を命じるにあたって、市町村教育委員会は、「あらかじめ保護者の意見を聴取」するとともに、その「理由及び期間を記載した文書」の交付が義務づけられている（第35条2項）。また、その他の手続き事項は教育委員会規則で定められることになっている（第35条3項）。

市町村教育委員会は、出席停止期間中、当該児童生徒の「学習に対する支援その他の教育上必要な措置」を講じなければならない（第35条4項）とされている。

理由・期間を明らかにし保護者への指示も伴う感染症対策

また近年は感染症の影響が学校教育全体に及び、今後もまた、いつどのような形で影響を与えることになるかわからない。感染症予防のための出席停止については、

■ 出席停止の運用ルール

出席停止　出席停止とは学齢児童生徒に、学校への出席を停止すること。

1 市町村教育委員会が命じる ➡ 性行不良の児童生徒

要件

① 他の児童生徒に傷害、心身の苦痛または財産上の損失を与える行為
② 職員に傷害または心身の苦痛を与える行為
③ 施設または設備を損壊する行為
④ 授業その他の教育活動の実施を妨げる行為

これらを繰り返し行い、他の児童生徒の教育に妨げがあると認められる場合

出席停止期間中の、当該児童生徒の「学習に対する支援その他の教育上必要な措置」を講じなければならない。

2 校長が命じる ➡ 保護者に感染拡大予防のため

感染症にかかっており、かかっている疑いがあり、またはかかるおそれのある児童生徒があるとき

感染症が発生した場合は、教育活動にできるだけ影響を与えないことを考え、拡大を防ぐようにしなければならない。学校保健安全法第19条では、感染拡大予防のため、「校長は、感染症にかかっており、かかっている疑いがあり、又はかかるおそれのある児童生徒等があるときは、政令で定めるところにより、出席を停止させることができる」としている。

また、学校保健安全法施行令第6条では、校長が出席停止を行う際に、その理由および期間を明らかにして、小・中学校においてはその保護者に指示しなければならないこと（1項）、そして出席停止の期間は省令で定める基準によること（2項）が規定されている。その際、校長は省令で定めるところにより、その旨を学校の設置者に報告しなければならない（第7条）とある。

校長は児童生徒の安全安心を考え、常にこの視点で学校全体を見ていく必要がある。

30　就学時健診と発達障害への配慮

就学時健康診断の変遷

　市町村教育委員会は、翌年に小学校に入学する幼児に対し、健康診断を行うことが「学校保健安全法」に定められている。その結果から「（就学）義務の猶予若しくは免除又は特別支援学校への就学に関し指導を行う等適切な措置を」とることとされている。学校保健安全法施行規則に規定された内容は、「栄養状態、脊《せき》柱及び胸郭の疾病及び異常の有無、視力及び聴力、眼の疾病及び異常の有無、耳鼻咽《いん》頭疾患及び皮膚疾患の有無、歯及び口腔《くう》の疾病及び異常の有無、その他の疾病及び異常の有無」とされ、この「その他の疾病及び異常の有無」に「知能」も含め、「知的障害の発見につとめ」と記されている。その手法は、従来の「標準化された知能検査法」以外でも「適切な方法」であればよいと改められ（２００２年）たが、「就学時の健康診断マニュアル」（日本学校保健会、２００８、２０１８年改訂）に紹介された検査手続きに基づくものが多い。ただ、この知能検査の実施状況は、地域により異なっている。

　市町村教育委員会には、特別支援学校への就学を都道府県教育委員会に通知する必要等から、知的障害の有無を判別し、就学猶予や免除の判断に、就学時健診（における知能検査）は重要だったわけである。しかし、保護者にとっては、わずか1日の教員による簡易な検査で、就学先が決定され、分離教育の渦の中に飲み込まれていくかもしれないという不安を生む可能性もある。

就学システムの変更

「障害のある児童生徒等に対する早期からの一貫した支援について（通知）」（文部科学省、２０１３年）では「可能な限り障害のある児童生徒等が障害のない児童生徒等と共に教育を受けられるよう配慮」し、就学に関する手続きについての情報提供や本人および保護者の意向を尊重するよう周知された。早期に気づき支援を開始する必要性は、発達障害についても同様で、これまでの知的発達の程度で場を決める指導から、教育的ニーズを把握し支援を相談するプロセスへと変化してきている。

　これまでは、障害ごとに定められている就学基準（学校教育法施行令）をもとに就学先を指導していたが、この就学基準も見直され（２００２年）、就学先決定には専門家の意見聴取、保護者の意見聴取（２００７年）が義務づけられた。そして、「特別支援教育の更なる充実に向けて」（２００９年）では、「個別の教育支援計画の作成・活用」によって、障害だけでなく教育的ニーズを把握し、保護者・専門家の意見や、就学先の学校が提供できる教育環境や支援内容等を総合的に判断して決めるよう提言された（図表）。

　さらに「障害のある子供の教育支援の手引」（２０２１年）では、一貫した教育支援の充実、教育的ニーズの重視、就学先決定等のプロセスに基づく教育支援の質の向

■ 障害のある児童生徒の就学先決定について

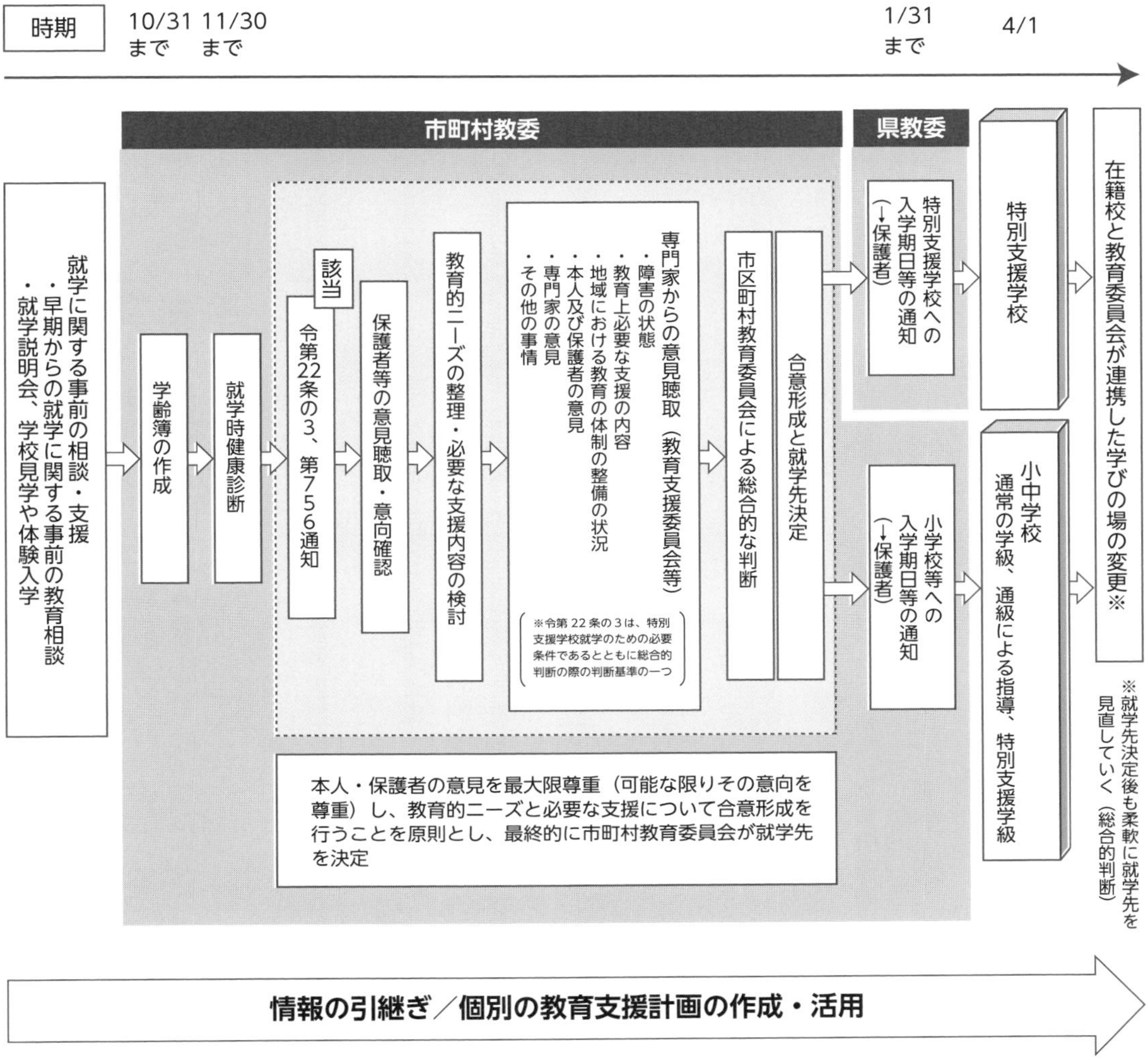

文部科学省「障害のある子供の教育支援の手引」（令和３年）参考資料より

上、就学先となる学校や学びの場における教育機能等の具体化、情報の引き継ぎ等を重視した対応が明記されている。

【発達障害への配慮】

発達障害は、知的な遅れを伴わない場合も多く、知能水準だけでなく個人内差も視野に入れたいが、簡易型知能検査では把握しきれない。また、感覚や行動の特徴も把握する必要がある。そのため、幼稚園・保育園、療育機関等と連携し、早期に相談や支援を開始できれば、就学相談も早期から時間をかけて行える。さらに、発達障害の児童生徒は、通常の学級に就学することも多いため、教育の場を決める以上に、どのような支援と合理的配慮が必要かを検討し、それを個別の教育支援計画に記していくことが求められる。これを基軸に、就学後も支援方法を検討し、時に柔軟に学びの場を変えることも含め、一貫した支援に活用することが成長につながる。

31 入学・転学・進級・卒業

就学義務と受け入れ校の対応

市町村教育委員会は、保護者にその子どもが入学すべき学校を指定して就学義務の履行を求める。義務なので公立小学校・中学校等の入学は、入学許可の手続きをとらない（学校教育法施行令第5条、第6条）が、国立と私立は、入学希望者に入学許可を出すことになる。

深刻ないじめなどの理由があると認められるときは、市町村教育委員会は、保護者の申し立てにより、その指定した小学校、中学校を変更することができる（同施行令第8条）。また、通学区域の弾力化により学校を選択する場合、教育委員会は就学校を指定する際に、あらかじめ保護者の意見を聞いて指定を行う（同施行令第8条、学校教育法施行規則第32条、第33条）。

保護者は子どもを満6歳から満15歳まで、小学校と中学校に就学させる義務を負っている（学校教育法第17条）。ここでいう保護者とは、子に対して親権を行う者、もしくは親権を行う者のないときは未成年後見人を指す。日本国憲法第26条2項や教育基本法第5条1項は「普通教育を受けさせる義務」を定めており、これを学校教育法第16条、第17条で就学義務としている。

編入学と転学の違い

編入学は、その学校に在籍していなかった児童生徒が、第1学年の途中または第2学年以上の学年に、外国にある学校などから入学すること、または過去に同種の学校等に在学していた者が入学することである。外国から帰国した学齢児童生徒については、原則として、その年齢に応じ、小学校または中学校の相当学年に編入学する。

ただ、就学に必要な日本語の能力が欠如している場合には「やむを得ない事由のため就学困難と認められる」に該当し、就学義務を猶予される（文部科学省「外国から帰国した学齢児童生徒の就学手続について」）。

インターナショナルスクールやフリースクール等のように学校教育法第1条に定められていない学校については、就学義務を履行したことにならない。また、就学義務の履行の督促を受けて、なお履行しない者は罰金が科せられることになる（第144条1項）。注意すべきことは、就学義務が日本国民に限定された義務であることである。

なお経済的な理由により就学が困難な場合は、市町村が、学齢児童生徒の保護者に対して、必要な援助（就学援助）を行うこととされている（第19条）。

転学とは、児童生徒が同種の学校の相当学年に移ることをいう。その際、校長は当該児童生徒の指導要録の写しを作成し、その写し（同施行規則第24条3項）と健康診断票（学校保健安全法施行規則第8条3項）を転学先の校長に送付しなければならない。

■ 入学・転学・進級・卒業の概念

入学

市町村教育委員会

↓

学齢児童生徒（満 6 歳～満 15 歳）を持つ保護者に
入学すべき学校を指定して、就学義務の履行を求める

↓

保護者は就学させる義務を負う

ただし、深刻ないじめなどがあると認められるときは、
学校を変更することができる（保護者の申し立てにより）

編入学　学年の途中で入学すること

転学　同種の学校の相当学年に移ること

進級　次の学年に進むこと

卒業　学校の全課程を修了すること

進級・卒業時の注意点

進級とは、当該学年の課程を修了し、次の学年に進むことをいう。各学年の課程修了の認定は、児童生徒の平素の成績を評価して行う（同施行規則第57条、ほか準用規定）。

成績の評価を行うのは、日常、児童生徒を指導している教員であるが、最終的に進級の可否を決めるのは校長である。

卒業とは、各学年の課程を修了し、学校の全課程を修了することをいう。卒業の認定は、進級と同様に、校長が平素の成績を評価して行う（同施行規則第57条等）。

卒業にあたり、校長は、全課程を修了したと認めた者に卒業証書を授与しなければならない（同施行規則第58条等）。

このように入学、転学、進級、卒業は、児童生徒が当該の学校に在籍した期間の確かな記録となるので、正確な対応、処理が必要である。

32 子どもの問題行動への対応

何を差し置いても児童生徒の人権を守る

子どもの問題行動というと、文部科学省が毎年行っている「問題行動調査（児童生徒の問題行動・不登校等生徒指導上の諸課題に対する調査）」の中の調査項目である、暴力行為といじめが、日常的に他児童生徒に直接被害を及ぼすものと言えるだろう。

暴力行為は対教師の暴力と生徒間の暴力があり、また器物損壊なども含まれる。どの場合でも、ひとたび暴力行為が発生すれば、通常の授業継続が困難となり、落ち着いた学習環境維持のための対応が必要となってくる。

また、いじめに関しては、被害児童生徒の人権を第一に考えて、その解決の対応をしなければならない。

懲戒を加える際はガイドラインを遵守

暴力行為、いじめがあったときの対応として、法的な根拠としてあるものは、学校教育法第11条に規定されている「校長及び教員は、教育上必要があると認めるときは、文部科学大臣の定めるところにより、児童、生徒及び学生に懲戒を加えることができる。ただし、体罰を加えることはできない」である。

懲戒は「事実行為としての懲戒」と「処分としての懲戒」とに分けられる。事実行為としての懲戒は、叱責や起立、罰当番など学校生活における教育上の戒めにあたり、校長と教員に行うことが認められている。処分としての懲戒は、退学、停学、訓告の3つの種類があり、これは校長の専決事項である（学校教育法施行規則26条2項）。

校長および教員が児童生徒に懲戒を加えるにあたっては「児童等の心身の発達に応ずる等教育上必要な配慮をしなければならない」（同施行規則第26条1項）とされている。公立学校に在籍する学齢児童生徒には、退学処分を行うことは認められていない。また国立、公立、私立を問わず、学齢児童生徒に停学処分を行うことができない（第26条4項）。

体罰については、上述のように法律上許されないことと明記されているが、その内容については2013年の文部科学省「運動部活動での指導のガイドライン」で、体罰等の許されない指導の例として次のように挙げられている。

①殴る、蹴る②社会通念、医・科学に基づいた健康管理、安全確保の点から認め難いまたは限度を超えたような肉体的、精神的負荷……などがある。肉体的な苦痛だけでなく、精神的な苦痛も、教員として許されない指導だということを、どのような場合でも頭に入れておくことが大事である。

また児童生徒が性行不良で、他の児童生徒の教育に妨げがあると認められる児童生徒があるときは、あらかじめ市町村教育委員会が保護者に意見を聴取した上で、出席停止を命じることができる（学校教育法第35条2項）。

■子どもの問題行動で求められる対応

児童生徒の人権を守るため、大きな問題行動である

暴力行為・いじめ　**を許さない**

校長及び教員は、教育上必要があると認めるときは

1　懲戒を加えることができる

事実行為の懲戒　叱責、起立、罰当番など

処分としての懲戒　退学・停学・訓告
公立学校に在籍する学齢児童生徒には、退学処分は行えない
国立、公立、私立を問わず学齢児童生徒には停学処分は行えない

2　ただし体罰を加えることはできない
児童生徒の身体を侵害すること、肉体的苦痛を与えること

教育相談体制の在り方

これらの諸課題に対応するため、２０１７年１月には教育相談等に関する調査研究協力者会議から報告があった「児童生徒の教育相談の充実について～学校の教育力を高める組織的な教育相談体制づくり～」では、今後の教育相談体制の在り方について次の２つの柱を示している。

第一に「未然防止、早期発見及び支援・対応等への体制構築」であり、第二には「学校内の関係者がチームとして取り組み、関係機関と連携した体制づくり」である。これまでの事後の個別対応に重点が置かれていた対応を、未然防止、早期発見に重点を置くこと、そして組織的な連携、支援体制を構築維持することの大切さを指摘している。そのため、学校の教職員、関係機関との連携、さらにはスクールカウンセラー、スクールソーシャルワーカーの積極的な活用が求められる。

33 学校で発生する事件・事故への対応

学校の管理下において安全配慮義務を負う

学校保健安全法は、学校の設置者は、児童生徒等の安全の確保を図るため、その設置する学校において、事故、加害行為、災害等により児童生徒等に生ずる危険を防止し、及び事故等により児童生徒等に危険又は危害が現に生じた場合において適切に対処することができるよう、当該学校の施設及び設備並びに管理運営体制の整備充実その他の必要な措置を講ずるよう努めるものとすると規定している（第26条）。２００８年の学校保健法の改正に際し、新たに設けられた条文である。

だが、当然のことながら、児童生徒を受け入れた以上、規定の有無にかかわらず学校の設置者は、自己の管理下にある間（学校の管理下）、その生命・身体の安全を確保する義務を負う（安全配慮義務）。そして、学校に勤務する校長、教員、その他職員は、学校設置者の履行補助者として、安全配慮義務の一翼を担うことになる。

ここでいう「学校の管理下」とは、一般的に教育課程に基づく授業や課外指導等、学校における教育活動中を意味する概念である。したがって、例えば登下校中の事故に対し、原則として学校は損害賠償責任等を負うことはない。しかし、独立行政法人日本スポーツ振興センターの「災害共済給付」等、学校の管理下を拡大する例も存在するため注意が必要である（図表）。

リスク・マネジメントとクライシス・マネジメント

学校における事件・事故への対応は、リスク・マネジメントとクライシス・マネジメントの２つの観点から考えることが求められる。リスク・マネジメントは、事故等が発生する前に、それを予測し、対応策を講じることを意味する（事前の備え）。これに対し、クライシス・マネジメントは、発生した事故について、その被害を最小限に抑えることに力点が置かれる（ダメージの最小化）。

リスク・マネジメントに関わって学校保健安全法は、学校に対し、児童生徒等の安全の確保を図るため、学校安全計画の策定と危険等発生時対処要領（いわゆる「危機管理マニュアル」）の作成を義務づけている（第27条、第29条）。学校安全計画には、学校の施設及び設備の安全点検、児童生徒等に対する通学を含めた学校生活その他の日常生活における安全に関する指導、職員の研修等の計画が記載される。

これに対し、危機管理マニュアルは、当該学校の実情に応じて、危険等発生時において職員がとるべき措置の具体的内容及び手順を定めたものである。いずれも作成することに意義が存在するのではなく、実際に事故等が発生した際、児童生徒等の安全確保に役立つことが重要となる。それゆえ、ＰＤＣＡサイクルを踏まえ、定期的に見直しを図ることが求められる点に留意すべきであろう。

■ 独立行政法人日本スポーツ振興センター災害共済給付制度における「学校の管理下」

●学校が編成した教育課程に基づく授業を受けている場合

●学校の教育計画に基づいて行われる課外指導を受けている場合

●休憩時間中に学校にある場合その他校長の指示又は承認に基づいて学校にある場合

●通常の経路及び方法により通学する場合

●これらの場合に準ずる場合として文部科学省令で定める場合

※独立行政法人日本スポーツ振興センター法施行令第５条２項

【知識・技能の更新が必要】

他方、クライシス・マネジメントの観点からは、適切な救急処置を迅速に行うことが重要となる。

特に争いが生じやすいのは、心肺停止者に対する一次救命（Basic Life Support）である。２００４年、本来、医療行為であるＡＥＤの使用が一般に開放（厚生労働省「非医療従事者による自動体外式除細動器（ＡＥＤ）の使用について」２００４年7月1日付け医政発第０７０１００1号）されて以降、ＡＥＤの使用を巡る対立が後を絶たない（新潟地裁長岡支部判決平成28年4月20日等）。また、人工呼吸の省略が認められるなど、心肺蘇生法（ＣＰＲ）が変化していることも見落としてはならない。

司法はガイドラインや通知を重視する傾向にあり、教職員は定期的に救急処置に関する知識・技能を更新していくことが必須となる。

34 防災教育

学校安全の中の災害安全の安全教育として実施される

２０１１年の東日本大震災以降、学校安全がますます重視されるようになっている。学校安全は子どもたちの命を守るために欠かせない活動である。安全教育に関して最も関わりのある教育法規は学校保健安全法である。学校保健安全法は、学校安全を災害安全(防災)、生活安全、交通安全の3つの領域で分けている。災害安全には地震・津波災害だけではなく、火山災害、風水雪害など他の自然災害、そして火災、原子力災害といった人為的災害も含まれている。災害安全、生活安全、交通安全の3領域は、それぞれ安全管理と安全教育で大別されている。つまり、防災教育は学校安全の中の災害安全の安全教育として実施されるものである。

防災教育は、学校保健安全法第27条が法的根拠となっている。同条には「学校においては、児童生徒等の安全の確保を図るため、当該学校の施設及び設備の安全点検、児童生徒等に対する通学を含めた学校生活その他の日常生活における安全に関する指導、職員の研修その他学校における安全に関する事項について計画を策定し、これを実施しなければならない」と定められており、防災教育は安全教育の一環として実施されている。また、学校安全の推進に関する計画（２０１２年）において、「事件・事故災害に対し、自ら危険を予測し、回避するためには、知識とともに、習得した知識に基づいて的確に判断し、迅速な行動をとることができる力を身に付けることが必要」であり、そのため「日常生活においても状況を判断し、最善を尽くそうとする『主体的に行動する態度』を育成する教育が必要」と安全教育の必要性と方向性が示されている。「主体的に行動する態度」というのは、危険に際して自らの命を守り抜くための「自助」だけではなく、自らが進んで安全で安心な社会づくりに参加し、貢献できる力を身につける「共助、公助」の視点を持つことが含まれている。安全教育の一環として行われる防災教育においても「主体的に行動する態度」の育成を目指すことが求められている。

学校の教育活動全体の中で教科横断的、総合的に実施

防災教育は特定の教科に偏って実施されるのではなく、学校の教育活動全体の中で教科横断的、総合的に実施されるものである。小学校学習指導要領（２０１７年３月公示）の「総則」第２の２の(2)には「各学校においては、児童や学校、地域の実態及び児童の発達の段階を考慮し、豊かな人生の実現や災害等を乗り越えて次代の社会を形成することに向けた現代的な諸課題に対応して求められる資質・能力を、教科等横断的な視点で育成していくことができるよう、各学校の特色を生かした教育課程の編成を図るものとする」と示されている。学習指導要領で

■ 学校安全（災害安全）の体系

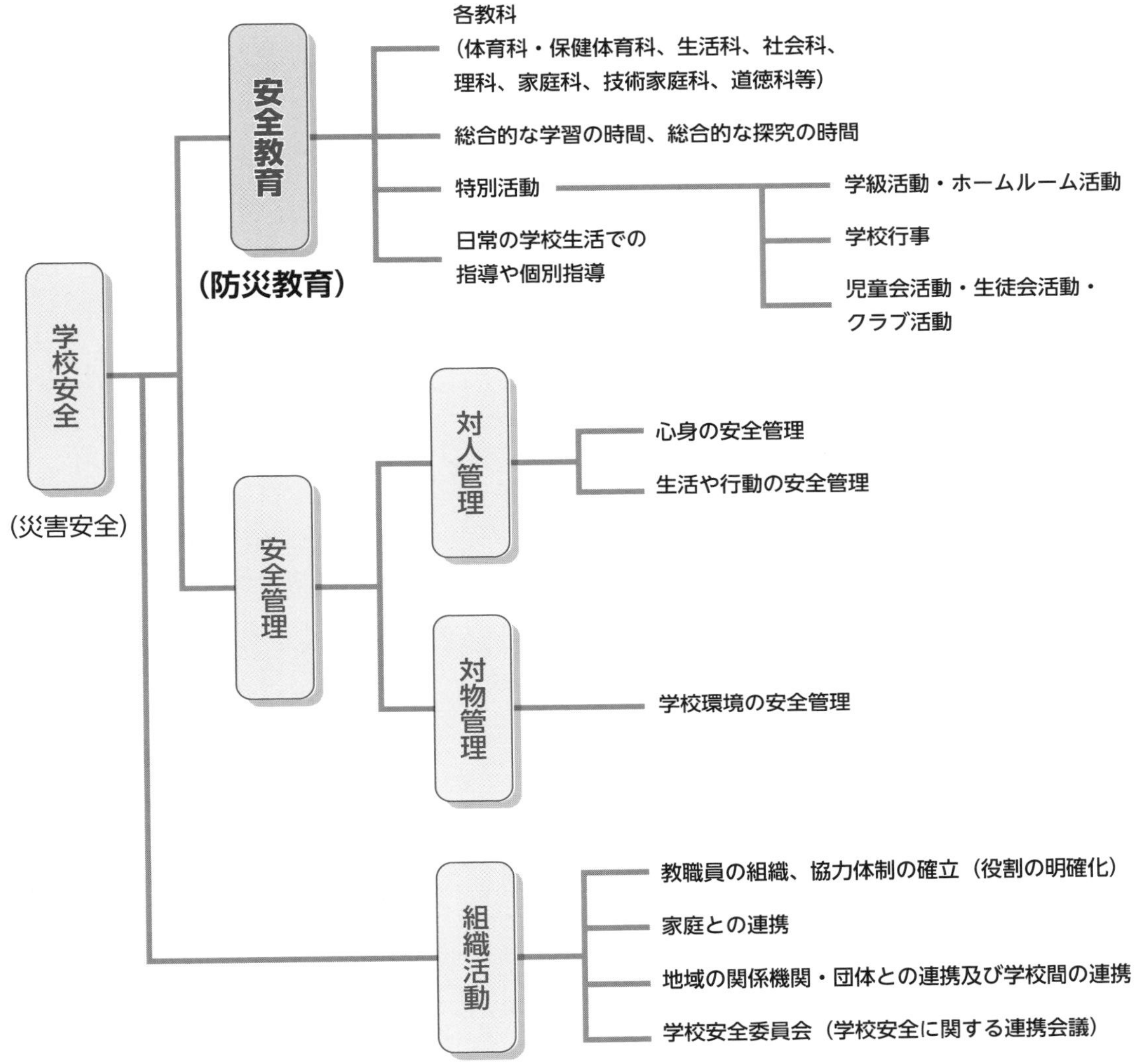

文部科学省「学校安全資料『生きる力』をはぐくむ学校での安全教育」（2019年3月）をもとに作成

は、社会科、理科、生活科、体育科、家庭科、図画工作科、特別の教科 道徳、総合的な学習の時間、特別活動においてそれぞれ防災教育を含む安全教育に関する教育内容が示されており、防災に関する資質能力について教科等横断的な視点で育成することが求められている。

文部科学省の「学校安全資料『生きる力』をはぐくむ学校での安全教育」（２０１９年３月）には、災害安全に関する教育（防災教育）に関して「様々な災害発生時における危険について理解し、正しい備えと適切な判断ができ、行動がとれるようにする」ことが目標とされている。火災発生時における危険の理解と安全な行動の仕方、地震・津波発生時における危険の理解と安全な行動の仕方など、12項目が教育内容として示されており、これらの内容について、幼稚園児から高校生までそれぞれの発達段階に応じた系統的な指導が必要となる。

35 個人情報の保護

個人情報の保護に関する法律

「個人情報の保護に関する法律」とは、個人情報の適正かつ効果的な活用が「豊かな国民生活の実現に資するものであることその他の個人情報の有用性に配慮しつつ、個人の権利利益を保護することを目的」として定められたものである（個人情報の保護に関する法律第1条）。また同法第2条2項2号などの規定に基づいて制定された政令を「個人情報の保護に関する法律施行令」という。

個人情報とは

「個人情報」とは生存する個人に関する情報であり、①当該情報に含まれる氏名、生年月日など、特定の個人を識別できるもの（他の情報と容易に照合でき、それにより特定の個人を識別できるものを含む）、もしくは②個人識別符号が含まれるものとされる（個人情報の保護に関する法律第2条1項）。

なお「個人識別符号」は①特定の個人の身体の一部の特徴を電子計算機のために変換した符号、②個人に提供される役務の利用もしくは個人に販売される商品の購入に関して割り当てられる符号のいずれかに該当する符号のうち、政令で定めるものである（同法第2条2項）。

要配慮個人情報

個人情報のうち、本人の人種、信条、社会的身分、病歴、犯罪の経歴など、本人に対する不当な差別、偏見、不利益が生じないよう取り扱いに特に配慮を要するものを「要配慮個人情報」という（個人情報の保護に関する法律第2条3項）。

これは①身体障害、知的障害、精神障害（発達障害を含む）その他の心身機能の障害、②健康診断その他の検査結果、③健康診断の結果を踏まえた指導、診療、調剤に関わることなどの情報があてはまる（個人情報の保護に関する法律施行令第2条）。

個人情報の取り扱い

「個人情報の保護に関する法律」第17条において、個人情報取扱事業者は「個人情報を取り扱うに当たっては、その利用の目的をできる限り特定しなければならない」「利用目的を変更する場合には、変更前の利用目的と関連性を有すると合理的に認められる範囲を超えて行ってはならない」としている。

第18条では、個人情報取扱事業者は「あらかじめ本人の同意を得ないで、前条の規定により特定された利用目的の達成に必要な範囲を超えて、個人情報を取り扱ってはならない」「他の個人情報取扱事業者から事業を承継することに伴って個人情報を取得した場合は、あらかじめ本人の同意を得ないで、承継前における当該個人情報の利用目的の達成に必要な範囲を超えて、当該個人情報を取り扱ってはならない」としている。ただし①法令に基づく場合、②人

■ ICT環境の充実に伴い活用されるさまざまな情報

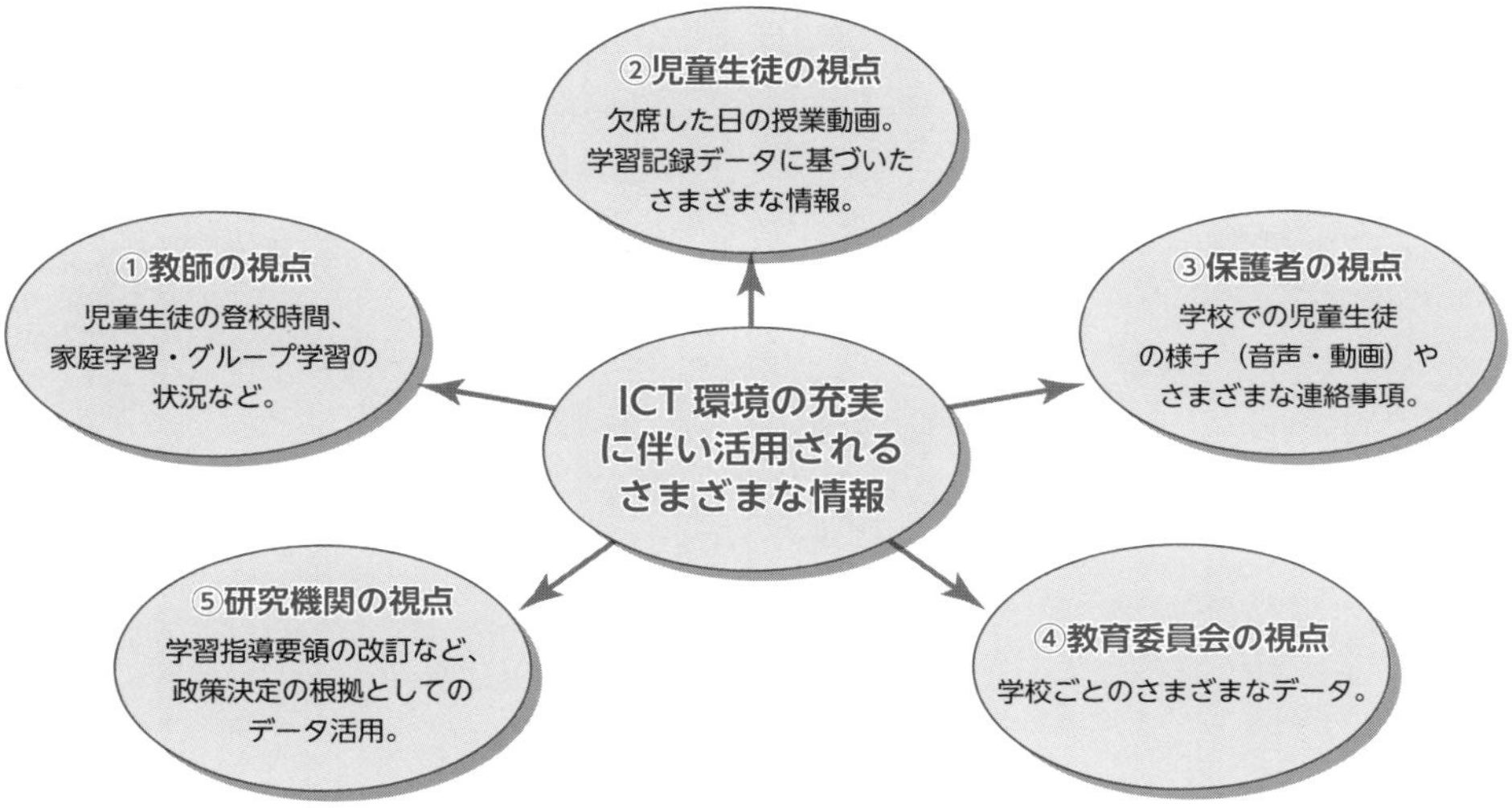
ICT環境の充実に伴い活用されるさまざまな情報
①教師の視点
児童生徒の登校時間、家庭学習・グループ学習の状況など。
②児童生徒の視点
欠席した日の授業動画。学習記録データに基づいたさまざまな情報。
③保護者の視点
学校での児童生徒の様子（音声・動画）やさまざまな連絡事項。
④教育委員会の視点
学校ごとのさまざまなデータ。
⑤研究機関の視点
学習指導要領の改訂など、政策決定の根拠としてのデータ活用。

文部科学省「新時代の学びを支える先端技術活用推進方策（最終まとめ）」（2019年）の「ICT環境を基盤とした先端技術・教育ビッグデータが活用される教育現場」をもとに作成

■ 児童生徒の個人情報を保護するためのポイント

1. 情報セキュリティを確保するため、校務系システムと学習系システムは物理的に分離し、児童生徒側から校務用データが見えないようにすること。
2. 児童生徒が利用することが前提とされている学習系システムには、個人情報を含む情報の保存は原則禁止とし、やむを得ず保存する場合には、暗号化などの保護措置を講じること。
3. 各学校において情報セキュリティの専門家を配置することが困難な現状を踏まえれば、重要な個人情報を扱う校務系システムは、教育委員会もしくは委託するセキュリティ要件を満たしたデータセンター（クラウド利用を含む）で一元的に管理すること。
4. 校務系ならびに学習系システムにおいても、教職員や児童生徒の負担増にならないよう配慮しつつ、二要素認証の導入などの認証強化を図ること。
5. セキュリティチェック徹底のため、システム構築時に、また定期的に監査を実施すること。
6. セキュリティポリシーについて、実効的な内容及び運用となっているかの検証を行うこと。その際、アクセスログの6か月以上保存、デフォルトパスワードの変更などについて確認すること。
7. 教職員の情報セキュリティ意識の向上を図るため、全学校・全教職員に対する実践的な研修を実施すること。
8. 情報セキュリティ強化の観点から、教育委員会事務局へ情報システムを専門とする課・係を設置したり、首長部局の情報システム担当と連携強化するなど、教育委員会事務局の体制を強化すること。

文部科学省「教育情報セキュリティのための緊急提言」（2016年8月）を参考に作成

の生命、身体、財産の保護に必要な場合で本人の同意を得ることが困難なとき、③公衆衛生の向上、児童の健全な育成のために必要な場合で本人の同意を得ることが困難なときなどは適用されない。

学校での適切な扱い

公立学校は「各地方公共団体の個人情報の保護に関する条例」、私立学校および国立学校は「個人情報の保護に関する法律」が適用される。GIGAスクール構想では1人1アカウントでのクラウド利用が基本となるため、より一層充実した管理体制が求められる。そこで右の法律、条例などを踏まえ、各学校で「個人情報の利用目的を明確にする」「必要最小限で適切に情報を収集する」「目的外利用はしない」「漏洩や損失がないように安全管理措置を講じる」などの規定を定めるとともに、複数人で管理できる体制の構築、技術的・物理的なセキュリティの構築などが重要となる。

36 著作権と例外規定の適用

著作権法とは

「著作権法」とは「著作物並びに実演、レコード、放送及び有線放送に関し著作者の権利及びこれに隣接する権利を定め、これらの文化的所産の公正な利用に留意しつつ、著作者等の権利の保護を図り、もつて文化の発展に寄与することを目的」として定められたものである（著作権法第1条）。

著作権とは

人間の知的で創作的な活動によって生産されたものを利用する権利の総称を「知的財産権」といい、そのうち「思想又は感情を創作的に表現したものであつて、文芸、学術、美術又は音楽の範囲に属するもの（著作物）」（著作権法第2条）を対象としたものを「著作権」という。小説、音楽、絵画、映画、写真、コンピュータ・プログラムなどに加え、児童生徒の作品にも著作権が適用される。

著作権は産業財産権とは異なり、権利を得るための手続きを必要としない。著作物が創作された時点で自動的に権利が発生する。これを無方式主義という。

著作権は「著作者の権利」と伝達者の権利である「著作隣接権」の2つに大別される。そのうち「著作者の権利」は「著作者人格権」と「著作権（財産権）」に分けられる（図表・上参照）。

学校教育に関わる例外規定

著作権法では、著作権者の承諾なしに利用できる例外規定も示されている。そのうち学校教育に関わるものとしては、教科用図書等への掲載（第33条1項）、教科用図書代替教材への掲載等（第33条の2）、教科用拡大図書等の作成のための複製等（第33条の3）、学校教育番組の放送等（第34条）、試験問題としての複製等（第36条）、営利を目的としない上演等（第38条1項）などがある。ただし利用にあたっては、原則として出所の明示をする必要がある点（第48条）などに十分に留意する必要がある。

授業目的公衆送信補償金制度

以前から教育機関の授業の過程における著作物の利用については、「対面授業のために複製すること」「対面授業で複製したものを同時中継の遠隔合同授業等のために公衆送信すること」は著作権の権利制限規定（第35条）により無許諾で可能であった。一方、その他の公衆送信は権利者の許諾が必要であったため、教育現場におけるＩＣＴを活用した授業等においては、教育上必要な著作物が円滑に利用し難いとして著作権制度の見直しが検討されていた。

そのような中、２０１８年5月に著作権法の一部が改正され、「授業目的公衆送信補償金制度」が創設された。これは著作物の授業目的での公衆送信において、学校の設置者が指定管理団体である「一般社団法人授業目的公衆送信補償金等管理協会（ＳＡＲＴＲＡＳ）」に補償金を支払うことによ

■ 著作権の体系

- 著作権（広義の著作権）
  - 著作者の権利
    - 著作者人格権
      - **著作者の人格的利益を保護するための権利**
      - 公表権（第18条）、氏名表示権（第19条）、同一性保持権（第20条）
    - 著作権（財産権）（狭義の著作権）
      - **著作者の財産的利益を保護するための財産権としての権利**
      - 複製権（第21条）、上演権及び演奏権（第22条）、上映権（第22条の2）、公衆送信権等（第23条）、展示権（第25条）、二次的著作物の利用に関する原著作者の権利（第28条）など
  - 著作隣接権（伝達者の権利）
    - **著作物の伝達に貢献している人々に認められた権利**
    - 実演家の権利（第90条の2～第95条の3）、レコード製作者の権利（第96条～第97条の3）、放送事業者の権利（第98条～第100条）、有線放送事業者の権利（第100条の2～第100条の5）

■ 授業目的公衆送信補償金制度を受けるための著作権法第35条第1項の主な要件

①対象施設
学校その他の教育機関（営利を目的としないもの）
※塾・予備校（認可なし）は認められない。

②対象主体
教育を担任する者（教員等）、授業を受ける者（児童・生徒・学生等）
※教員等の指示の下での事務職員等の補助者は認められるが、教育委員会等の組織が主体となることは認められない。

③利用の目的・限度
「授業の過程」における利用に必要と認められる限度
※教育課程外の教育活動（例：部活動）も含まれるが、職員会議などは認められない。また、その授業と関係のない他の教員・教育機関と共有すること、その授業で取り扱う範囲を超えてコピー・送信することも認められない。

④対象行為
複製、公衆送信、公衆送信を受信して公に伝達

⑤権利者利益への影響
その著作物の種類や用途、複製の部数などから判断して、著作権者の利益を不当に害しないこと
※ドリル・ワークブックなど、児童生徒等の購入を想定した著作物のコピー・送信、また授業を受ける者に限らず、誰もが見られるようにインターネット上に公開することは認められない。

文化庁著作権課「平成30年著作権法改正（授業目的公衆送信補償金制度）の早期施行」の「著作権法第35条第1項における主な要件」（2020年4月）をもとに作成

り、従来であれば個別に著作権者に得る必要のあった許諾が不要となる制度である。教員や児童生徒自身が行う手続きはない。ＣＯＶＩＤ―19の流行に伴う措置として２０２０年度に限り補償金は無償であったが、翌年度以降は規定に基づいて有償となっている。

補償金はＳＡＲＴＲＡＳが一括して徴収し（児童生徒1人あたりの補償金額〈年額〉は小学校：１２０円、中学校：１８０円、高等学校：４２０円）、権利者に分配する仕組みになっている。教育機関は、一つ一つの著作物ごとにそのつど許諾を得る必要がなくなったため、以前に比べて手続きが容易になった。また教員は授業映像や授業で使用する資料、教材などをインターネットを通して学習者に送信しやすくなり、教育方法の幅が広がったといえる。ただしこの制度を利用して著作物を活用するためには、平成30年改正著作権法第35条の要件（図表・下参照）を満たさなければならない。

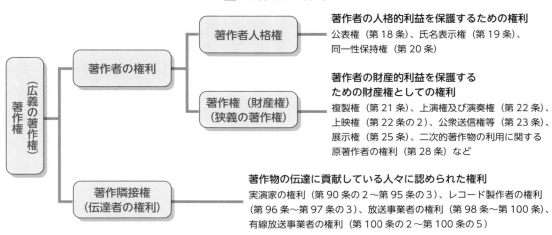

37 学校における労働安全と衛生管理

学校安全計画を立て安全確保に努める

学校では、児童生徒、教職員、そのどちらに対しても十分に安全な環境でなければならない。「学校保健安全法」第3章では、学校安全に関する条項を取り上げている。学校安全計画の策定（第27条）、学校環境の安全確保（第28条）、危機管理マニュアルの作成（第29条）などがある。

学校安全計画を策定することで、年間の見通しを持って教職員も安全教育、安全管理、組織活動に取り組むこととなる。学校環境の安全確保については、学校は児童生徒の安全確保の支障となる事項があるときは、遅滞なくその改善を図る措置等を行うものとされ（学校保健安全法第28条）、同施行規則第28条では、毎学期1回以上の安全点検を義務づけている。校舎内外の安全を点検することは、学校にいる者すべての安全確保につながる。また危機管理マニュアルには、交通事故、不審者対応、学校情報の漏洩など学校安全全般の危機、学校防災などを考えることができる。事前対応、事後対応、再発防止を考えることは、児童生徒の安全確保と同時に、教職員の安全確保にもつながる。

新型コロナ感染症に対応したガイドラインが発出

学校保健安全法では、学校保健計画の策定も規定しており、第5条には児童生徒および教職員の健康診断、環境衛生検査などが記されている。子どもたちの健康を見守る学校の教職員は、自身の健康にも気をつけていかなければならない。健康診断を通して自らの身体の健康面をチェックしていく体制を整えていく必要性が示されている。

感染症に関する規定や対応は、医療の進歩やその時々の感染症の流行状況を受け、たびたび改められている。また最近はこれまでにない新たな感染症が出現してきており、これまでにない新たな対応が必要となってきている。

新型コロナウイルス感染症については、その出現からしばらくはさまざまなところで制限があり、通常の教育活動がなかなか行えない期間があった。しかし3年以上が経ち、社会全体の受け止め方にも変化が見られるようになってきた。

現在では、感染に気をつけながらもできるだけ通常の生活を行っていくウィズコロナの意識となり、学校でもコロナ禍以前の教育活動に戻りつつある。

２０２３年2月には、内閣官房新型コロナウイルス等感染症対策推進室から、マスクの着脱は個人の判断に任せるというガイドラインが出された。

マスクに対しての考え方は変化してきたが、これまで言われてきたような、手洗いの徹底、こまめな換気、3密（密接、密閉、密集）の回避は引き続き気をつけなければならない。

学校保健安全法施行規則の改正では、２０１２年にインフルエン

■ 学校保健安全法と新型コロナウイルス感染症対策

学校保健安全法　～ 2008 年学校保健法を改正

① 学校安全計画の策定
年間の見通しを持った計画　安全教育、安全管理、組織活動

② 学校環境の安全確保
毎学期 1 回以上の安全点検

③ 危機管理マニュアルの策定
学校安全全般の危機に対して（不審者対応、学校情報漏洩、学校防災など学校安全全般の危機）

④ 学校保健計画の策定
児童生徒の健康診断
環境衛生検査

新型コロナウイルス感染症

➡ マスクの着用は「個人の判断に任せる」に移行

しかし引き続き

手洗い　換気　３密（密閉、密集、密接）に気をつける

ザの出席停止期間について、解熱とともに「発症後５日経過」が基準に加えられた。２０１５年の改正では、学校において予防すべき感染症として中東呼吸器症候群と特定鳥インフルエンザが加えられた。このように、保健安全面では常に社会の感染、流行の状況によって対応が変わってくる。

感染症対策では、これまでさまざまな知見をもとに、政府の基本的な考え方が打ち出され、文部科学省、都道府県教育委員会、市町村教育委員会にその対応が下りてきた。しかし新たな感染症の出現もまた起こり得る。これまでの対応とは違うことも出てくる。最新の正しい情報、知識を得て、適切に対応していくことが必要である。

市町村教育委員会からの情報提供などを受けて、保護者や地域などと連携して対応することで、児童生徒の安全確保、学校で働く教職員自身の安全確保にもつながっていくのである。

38 学校保健と感染対策・感染症予防

保健管理と保健教育

学校保健とは、児童生徒等の健康の保持増進、学校教育活動に必要な健康や安全への配慮、健康の保持増進を図ることができる能力の育成など、学校における保健管理と保健教育であるとされている。学校保健の中核を担う法は学校保健安全法で、２００８年６月に旧学校保健法の改正で学校保健安全法となったものである。２００１年の池田小学校事件以降、２００６年に国会で議員立法の学校安全対策基本法案が提出されるなど児童生徒の安全確保に対する関心が高まり、安全対策の規定を追加し、学校保健安全法となった。

旧法は１９５８年に制定され、施行令・施行規則は改正されてきたが法改正は１９７８年のみで、健康診断や伝染病による出席停止、学校、学級の臨時休業等は定められていたが、学校の現状を反映していない部分があった。そのため、学校での取り組みを踏まえ、現状に対応するものへと改正された。

大きな改正点は以下の５つがあげられる。①規定がなかった保健指導を法律上明記（学校保健安全法第９条）、②地域の医療機関等との関係は連絡するを連携を図るに変更（第10条）、③学校保健計画の策定実施を新たに規定（第５条）、④旧法では雑則であった保健室の設置を条文化（第７条）、⑤出席停止の項で旧法の伝染病を感染症に変更（第19条）。

なお、学校保健安全法の学校保健に関する主たる内容は以下の５つである。①学校保健計画の策定と実施（第５条）、②文部科学大臣が定める学校環境衛生基準に照らした管理、適正を欠いた場合には遅滞なく必要な措置を講じること（第６条）、③健康診断の実施（第11～17条）、④保健指導等（第７～９条）、⑤感染症の予防（第19～21条）。

出席停止と臨時休業

校長は、感染症にかかっている、もしくは疑いがある、または、かかるおそれがある児童生徒等に関して政令で定めるところにより出席停止させることができる（第19条）。出席停止の指示は児童生徒等の保護者（高校は生徒自身）に対して行い、その旨を設置者に報告する（施行令第６・７条、施行規則第19・20条）。また、設置者は対象の児童生徒等の校長が認めた場合、保健所に連絡をする（第18条・施行令第５条）。

なお、臨時休業に関する権限は設置者が有する（第20条）が、その事務を校長に委任する（第31条）ことができる。休業の決定に際して留意すべきは、事前に保健所に連絡すること、学校医その他の医師の意見を聞くこと（第23条）があげられている。ここでいう感染症の主たるものは、いわゆる学校病（第24条・施行令第８条）ではなく、学校教育活動を通じ、学校での感染が広まる可能性があるもの、すなわち学校感染症（施行規則第18条）である。感染症については『学校において予防

■ 学校保健安全法で整備された主たる規定

学校保健関連（旧 学校保健法）

○養護教諭を中心として教職員等が連携した組織的な保健指導の充実
○地域の医療関係機関等との連携による児童生徒等の保健管理の充実
○全国的な学校の環境衛生水準を確保するための全国的基準の法制化

＋

学校安全関連（新設）

○子どもの安全を脅かす事件、事故及び自然災害に対応した総合的な学校安全計画の策定による学校安全の充実
○各学校における危険発生時の対処要領策定による的確な対応の確保
○警察等関係機関、地域のボランティア等との連携による学校安全体制の強化

↓

学校保健安全法

■ 新型コロナウイルス感染症（COVID-19）関係の主な動きと最新通知等

2020年1月30日	WHO「国際的に懸念される公衆衛生上の緊急事態」を宣言
2月 1 日	新型コロナウイルス感染症を指定感染症として定める等の政令（令和2年政令第11号）施行
2月27日	安倍首相（当時）が新型コロナウイルス感染症対策本部で、全国の小中学校と高校、特別支援学校に臨時休校を要請する考えを表明
2月29日	安倍首相が記者会見で説明
2021年2月13日	新型インフルエンザ等対策特別措置法や感染症の予防及び感染症の患者に対する医療に関する法律（いわゆる感染症予防法）等の一部改正（一部規定を除き）施行
2023年1月27日	新型コロナウイルス感染症対策本部が5月8日より新型コロナウイルス感染症（COVID-19）を2類相当から5類へ変更することを決定
2月10日	新型コロナウイルス感染症対策本部「マスク着用の考え方の見直し等について」決定（一般は3月13日から適用、学校は4月1日から適用）
3月17日	文部科学省初等中等教育局長「新学期以降の学校におけるマスク着用の考え方の見直し等について（通知）」（4文科初第2507号）発出
3月17日	「学校における新型コロナウイルス感染症に関する衛生管理マニュアル（2023.4.1 Ver.9）」公表

すべき感染症の解説』（日本学校保健会）に詳しい。

新型コロナウイルス対応

新型コロナウイルス（COVID－19）は、当初新種ゆえに、感染症予防法で対応が必要な感染症とされていなかった。そのため感染症対応に必要な関連法の適用を可能にするため、2020年2月に「新型コロナウイルス感染症を指定感染症として定める等の政令」（令和2年政令第11号）で感染症に指定された。その後、2021年2月施行の改正感染症予防法に、新型コロナウイルス等感染症として明示された。

政令で感染症に指定されて以降、学校の一斉休校に始まり、対策に追われた3年間であった。しかし、2023年5月8日より、新型コロナウイルス感染症は季節性インフルエンザと同じ感染症5類に変更された。対応マニュアルや通知は2023年3月末現在で最新のものをあげておく（図表・下）。

39 教育職員免許法と教育公務員の身分・服務

教育職員免許法

教育職員免許法により、幼稚園、小学校、中学校、高等学校の教員は、それぞれの学校種に相当する教員免許状が必要であると規定されている。また、義務教育学校の教員は、小学校と中学校両方の教員免許状、中等教育学校の教員は、中学校と高等学校両方の教員免許状が必要であり、特別支援学校の教員は、特別支援学校と特別支援学校の各部に相当する教員免許状が必要である。

教育公務員とは

教育公務員とは、地方公務員のうち、市町村や都道府県が設置する幼稚園、認定こども園、小学校、中学校、義務教育学校、高等学校、特別支援学校に勤務する職員を意味している。

基本的に義務教育段階の小中学校は市町村に設置義務がある（都道府県や国が設置することは可能）。したがって、小中学校の教員の多くは人事権が都道府県にありながら市町村の公務員となり（都道府県立小中学校の場合は都道府県の公務員となる）、地方公務員法の適用を受けている。

服務とは、公務員が職務遂行上または公務員としての身分に伴って守るべき義務ないし規律のことを言う。地方公務員法は「すべて職員は、全体の奉仕者として公共の利益のために勤務し、且つ、職務の遂行に当っては、全力を挙げてこれに専念しなければならない」と規定されている。

教員の服務上の義務

地方公務員法において、公務員の服務上の義務に関しては、職務上の義務（公務員が勤務時間中に職務を遂行する上で守るべき義務）と身分上の義務（職務の内外を問わず公務員がその身分を有することによって守るべき義務）に大別される。

職務上の義務には、服務の宣誓、法令および上司の命令に従う義務、職務専念義務がある。

身分上の義務には、信用失墜行為の禁止、秘密を守る義務、政治的行為の制限、争議行為の禁止、営利企業への従事の制限がある。

なお、教育公務員特例法により、公立学校の教員は地方公務員とは異なり条件付き任用期間が半年でなく1年、政治的行為の制限の範囲は当該地方でなく国の範囲で、と規定されるなど、地方公務員とは異なる規定が適用されている。

教育公務員の任命権

地方公務員は服務監督権も任命権も同じ自治体となるが、市町村立学校の教員の服務監督権者と任命権者は異なっている。

市町村が直接小中学校の教員を雇用しようとすると財政負担が膨大になるため、市町村立学校職員給与負担法で、政令指定都市を除く市町村が設置する小中学校等の職員の給与は都道府県の負担とする、と規定され、都道府県教育委員会が教員の任命権者となっているためである。

教育公務員の服務内容

職務上の義務
勤務時間中に職務を遂行する上で守るべき義務

●服務の宣誓
●法令・上司の命令に従う義務
●職務専念義務

身分上の義務
職務の内外を問わずその身分を有することによって守るべき義務

●信用失墜行為の禁止
●秘密を守る義務
●政治的行為の制限
●争議行為の禁止
●営利企業への従事制限

職務専念義務違反における処分

分限処分
勤務実績がよくない場合や心身の故障の場合等に身分上の変動をもたらすもの

●免職、降任
勤務実績がよくない場合

●休職
心身の故障のため職務の遂行に支障がある場合

懲戒処分
法律違反、職務義務違反、職務怠慢、全体の奉仕者たるにふさわしくない非行のあった場合の処分

●免職
●停職
●減給
●戒告
※上記のほか懲戒処分ではない訓告処分もある。

政令指定都市を除く市町村立学校の教員は任命権者が都道府県、服務監督権者が市町村となっている。そのため教員採用試験は都道府県か政令指定都市が実施することとなる。

分限処分と懲戒処分

公務員の処分には、分限処分と懲戒処分がある。分限処分も懲戒処分も任命権者が行っている。

分限処分とは勤務実績がよくない場合や心身の故障の場合等に職員の意に反して身分上の変動をもたらす処分である。病気による休職、指導力不足による異動や免職などが該当する。

懲戒処分とは法律違反行為、職務義務違反、職務怠慢、全体の奉仕者としてそぐわない非行等を事由とした処分である。交通事故や体罰等による免職、停職、減給、戒告が該当する。県費負担教職員の分限及び懲戒処分にあたっては、服務監督権者である市町村教育委員会の内申を待たねばならない。

40 教員によるハラスメントと処分

複数の法律により規制

教員によるハラスメントと称される行為は、教職員相互の関係の中で行われるものと児童生徒を対象としたものに区分できる。前者は、いわゆるセクハラやパワハラ等、労務管理に関わる一般的な課題であり、後者は、児童生徒に対する体罰や暴言、わいせつ行為等、学校固有の課題といえる。

労務管理上のハラスメントは、セクハラであれば男女雇用機会均等法、パワハラであれば労働施策総合推進法というように、複数の法律によって規制されている。いずれにおいても事業主に対しハラスメントの防止義務が課せられ、相談窓口の設置や研修の実施等が求められている点に留意する必要がある。

「ハラスメント」の定義

セクハラは、「職場」において行われる「労働者」の意に反する性的な言動を意味する。職場とは、労働者が業務を遂行する場所を指し、勤務場所だけではなく、出張先等を含む概念である。また、性的な言動とは、性的なからかい、食事等に執拗に誘う発言、身体への接触、性的な関係の強要、わいせつな図画等の配布や掲示等の行動をいう。

なお、セクハラは、通常、男女間に見られることが多いが、同性間で行われる場合を排除するものではない。

パワハラは、職場において行われる優越的な関係を背景とした言動であって、業務上必要かつ相当な範囲を超え、労働者の就業環境が害されることを指す。身体的な攻撃、名誉毀損や暴言といった精神的な攻撃、仲間外しや無視等の人間関係からの切り離し、業務上明らかに不要なことや遂行不可能なことの強制、仕事の妨害等、業務上過大（過小）な要求、個の侵害等がその典型である。

なお、「優越的な関係を背景とした」言動には、業務を遂行するに当たり、被害対象となる労働者が、抵抗・拒絶することができない可能性が高い関係の下で行われるすべての言動が含まれる。上司による言動はその典型であるが、同僚や部下による言動であったとしても、業務上必要な知識を有しているような場合や、集団による行為はここに含まれる可能性が高い。

わいせつ行為による懲戒処分は2018年度に最多を記録

他方、児童生徒に対するハラスメントは、子どもの尊厳を傷つけ、学校や教員に対する社会的信頼を損ねる行為である。中でもわいせつ行為は、子どもの心に癒やすことのできない爪痕を残すとして、強い批判にさらされている。

文部科学省の調査によると、2012年度にわいせつ行為等を理由として懲戒処分を受けた教職員は168人であった（当事者責任）。それが、2018年度には245人にまで上昇し、翌年度も228人の処分者が出ている。2

■ わいせつ行為等（性犯罪・性暴力等）に対する懲戒処分の推移（過去10年間）

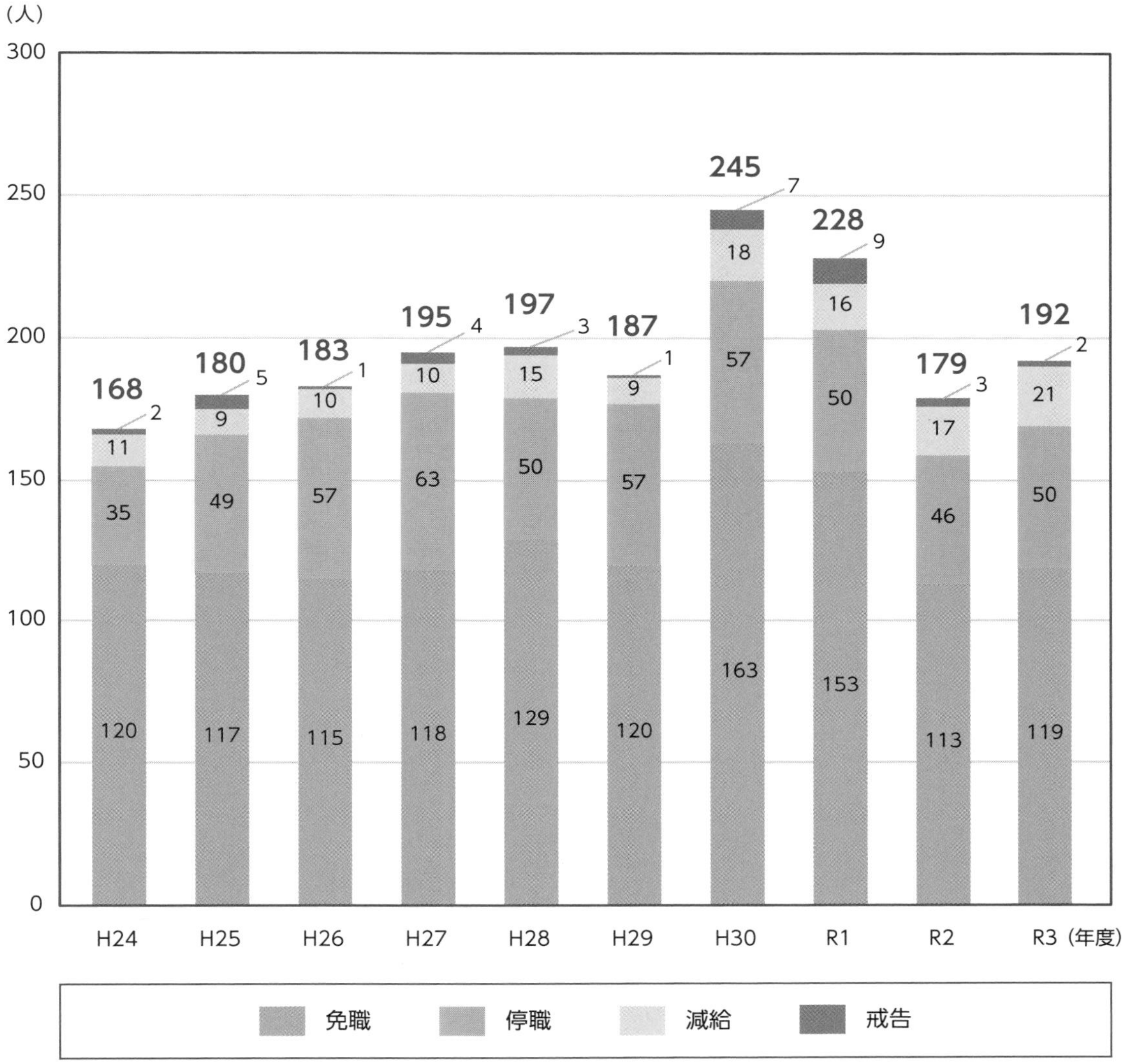

文部科学省「公立学校教職員の人事行政状況調査結果」より

０２１年度は１９２人と一見すると減少したかに見えるが、なお予断を許さない状況が続いていると考えるべきであろう。

わいせつ教員にさらなる厳しい処分を求める声も

当然のことながら、わいせつ行為等に走った教職員に対する懲戒処分は厳しいものになる。最も多かった２０１８年度を例にとると、２４５人の内訳は、懲戒免職が１６３人、停職が57人、減給が18人、戒告が7人であった（図表）。

この状況を受けて、２０２１年５月、教育職員等による児童生徒性暴力等の防止等に関する法律（わいせつ教員対策法）が成立した。同法第３条は、教員等による「児童生徒等」に対する「わいせつ行為」を明文で禁止している。

また、わいせつ行為をして懲戒免職となった教員に対し、失効した免許状の再交付を厳格にする等、わいせつ教員を教壇から追放する第一歩と評価する声が多い。

41 教育長面談と校長評価

人事評価制度による面談

校長と教育長との面談には、法律に定められている人事評価制度の前期・後期・最終面談、その他、人事の意見具申、課題への対応に関わる協議や相談など、随時、必要に応じた面談がある。

まず、制度上の人事評価による面談は、２０１４年に地方公務員法及び地方独立行政法人法の一部を改正する法律が成立し、２０１６年４月から施行された。

具体的には、地方公務員法第６条で任命権者の人事評価を行う権限、第23条の２および第23条の３では実施、活用が定められた。そして、地方教育行政の組織及び運営に関する法律第44条で、県費負担教職員の人事評価は、都道府県教育委員会の計画の下、市町村教育委員会が行うものとされた。

人事評価とは、「任用、給与、分限その他の人事管理の基礎とするために、職員がその職務を遂行するに当たり発揮した能力及び挙げた業績を把握した上で行われる勤務成績の評価」（地方公務員法第６条）である。

校長は、自身が設定した目標に向けてＰＤＣＡサイクルを回す。二次評価者である教育長は、業績評価と能力評価からなる人事評価を行うために校長と面談を行う。

能力および業績の評価

最終面談では、組織目標の達成や教職員の育成、能力開発、職場の活性化が実現できたか、自律的な学校経営が果たせたかなど、それらの結果に対し、校長は、能力および業績の評価を受ける。給与への反映という結果責任を引き受ける厳しい場であるが、同時に、その年度の評価を受け、次年度に向けた学校経営の改善につなげる場にしなければならない。

しかし、この面談は、人事評価書を介した単年度のものであり、教育長と校長との信頼関係に基づく長期的で広い意味での力量の見取り（評価）だとは言えない。

だからこそ教育長は、管轄する学校数により頻度は違うが、校長と話すさまざまな機会を大切にして、管理職としての人柄、雰囲気、安心感などを含む、総合的な力量を見取る重要な場にしていく。また、人材育成や人事面から言えば、面談の機会は、人事担当部署とは違う長期で広い視点から、将来の管理職候補の情報を得る場でもあり、管理職の人事配置を考える上でも大いに役立つ大切な場である。また、定年延長制度導入による特例の管理職の再任用以外は役職定年する。教育長にとって、現管理職を定年までどのように力を発揮させるかは課題であり、本人の意思を含めた情報収集はこれまで以上に重要となる。

教育長と校長との非公式な面談時の話題は、例えば、図表3など、多岐にわたるものが考えられる。これらすべてを話題にして話し合うことはできないが、校長はいつでも話ができるよう心がけておくことが大切である。

一方で教育長は、議会はもちろんだが、学校を支える地域、関係

■ 教育長面談と校長評価

1　人事評価

地方公務員法第６条 ……	人事評価「任用、給与、分限その他の人事管理の基礎とするために、職員がその職務を遂行するに当たり発揮した能力及び挙げた業績を把握した上で行われる勤務成績の評価をいう」
地方教育行政の組織及び運営に関する法律第 44 条 ……	県費負担教職員の人事評価は、地方公務員法第 23 条の２第１項の規定にかかわらず、都道府県委員会の計画の下に、市町村委員会が行うものとする。

2　人事評価制度による教育長と校長の面談

※都道府県教育委員会により、年３回の「面談」の呼び名は違う。時期も違っている。

当初面談 ⇨ 中間（前期）面談 ⇨ 最終（後期）面談

能力評価 ⇨ 職員が職務を遂行するにあたり発揮した能力を把握

（項目例）責任感、連携・協働姿勢、リーダーシップ（管理職）、知識・技能、企画・計画力、判断力、規律性など

業績評価 ⇨ 職員が果たすべき職務をどの程度達成したかという業績を把握

（項目例）教育成果、工夫改善、効率性、指導育成実績（管理職）など

※人事評価は、公正に（地公法第 23 条第１項）、定期的に（地公法第 23 条の２第１項）行わなければならない。

参考：「教師の資質能力向上に関する参考資料」令和２年２月 文部科学省総合教育政策局教育人材政策課

3　教育長と校長の面談（不定期および随時）

＊（　　）→話題となるような主な内容

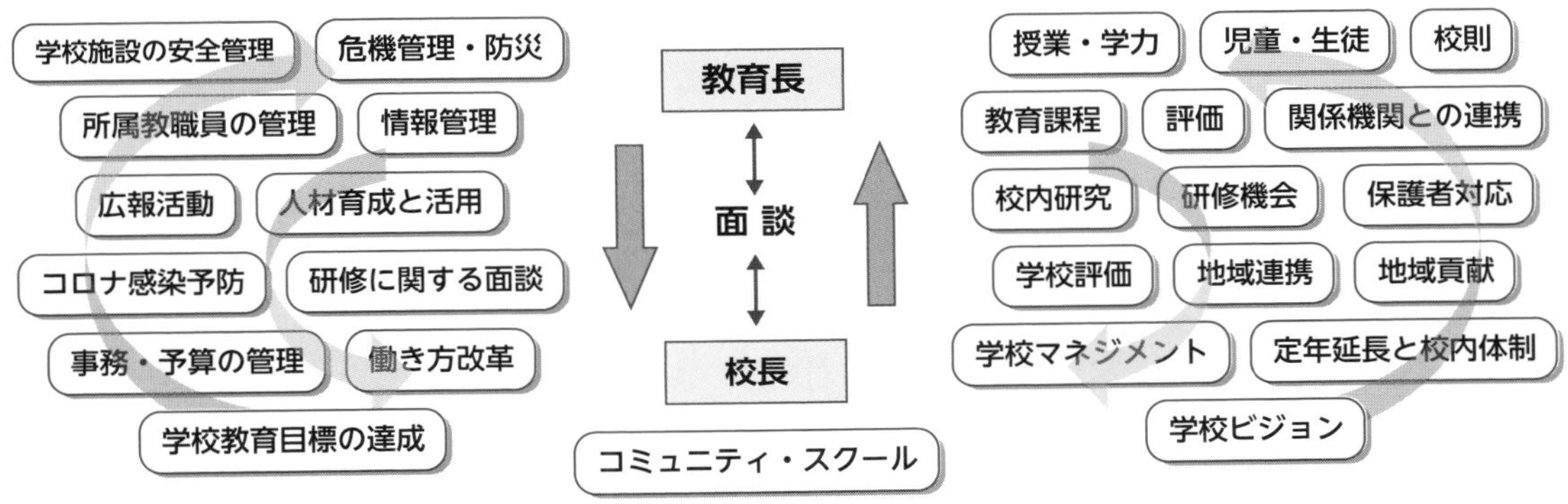

諸団体、議員などからも、学校の評判を伴う意見や質問を受ける立場である。場合によっては、しっかりとその場で説明しなければならない。

そのため、教育長はさまざまな面談の機会を利用し、各校の現在の学校経営、組織の成熟度の状況・状態等の把握・理解に努めていく。教育長にとっては、管轄の学校は一つとして同じではない。教育長は校長に数年間その学校を任せたのである。校長は学校づくりのため精一杯、責任をもち職責を果たすべく努力していると信じている。そして、現在の学校の経営の状況に関わり、人事上だけでなく、あらゆる支援の必要性の有無やできることを考える。

その上で、現状だけでなく数年後を推測して、校長が学校の教育目標達成に向け、どのように計画を立て学校運営や経営を進め、児童生徒を育てていくのか、強い関心をもって見続け、校長の力量を総合的に見取っていくのである。

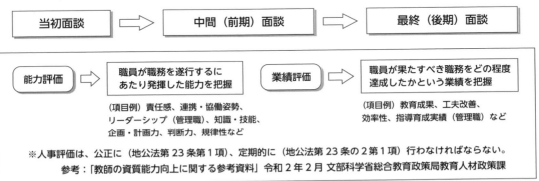

42 職務専念義務違反への対応

職務専念義務とは

地方公務員法は「職員は、法律又は条例に特別の定がある場合を除く外、その勤務時間及び職務上の注意力のすべてをその職責遂行のために用い、当該地方公共団体がなすべき責を有する職務にのみ従事しなければならない」と規定しており、このことを職務専念義務と称している。

職務専念義務免除

職務専念義務は、法律または条例に特別の定めがある場合に免除される。教育公務員特例法は、教員が本属長（校長）の「承認を得て勤務場所を離れて研修を行う」場合は職務専念義務が免除される。なお、職務命令により研修に参加する場合は研修参加自体が職務と見なされている。

また、教育公務員特例法は「任命権者の許可を受けて、三年を超えない範囲内で年を単位として定める期間……その課程を履修するための休業をすることができる」としている。いわゆる大学院修学休業制度であるが、この制度による休業期間中も職務専念義務は免除される。そのほか、労働基準法により勤務時間の中で45分～1時間設定される休憩時間は「自由に利用させなければならない」と規定されている。

地方公務員法では「職員が在職のまま職員団体の業務に専従することは、原則としてできない」が「任命権者の許可を受けて、登録を受けた職員団体の役員としてもっぱら従事する」場合は可能としている（職員団体については「44 労働基本権と職員団体」参照）。また、人事委員会に登録された職員団体が任命権者である教育委員会と勤務条件に関する交渉を勤務時間中に行うことは可能であり、教員が交渉にあたって職員団体が指名する役員となっている場合には職務専念義務は免除される。

以上のほか、育児休業、介護休業等育児又は家族介護を行う労働者の福祉に関する法律（育児休業法）による育児休業、条例が定める休日、休暇等などが職務専念義務免除の対象となっている。

職務専念義務が免除された期間でも、教員は信用失墜行為の禁止など身分上の義務は負う。

職務専念義務違反の事例

これまで職務専念義務違反とされた凡例に次のようなものがある。相当の期間、勤務時間中の組合活動が行われ、学校内で慣行と認められていても、それは違法であると判断されている。勤務時間中に組合の主張を書いたリボンを着用した教員に対して「精神的活動の面において注意力のすべてが職務の遂行に向けられなかったものと解される」ために職務専念義務に違反するという判例もある。

飲食などのために休憩時間以外の勤務時間中に勝手に職場を離れることがあれば、職務専念義務違反となる。しかし、正規の休憩時間内に給食指導などのために昼食がとれない教員もいる。そのような教員が休憩時間を勤務時間の最

■ 職務専念義務の免除

法律に基づく免除	●休職、停職
	●任命権者（県費負担教職員については市町村教育委員会）の承認を得て教育に関する兼職、兼業に従事する場合
	●所属長の承認を得て勤務場所を離れて研修を行う場合
	●労働基準法に基づく場合 休憩、休日、年次有給休暇等
	●育児休業
	●知事の命令により災害救助に従事する場合
条例に基づく免除	●研修
	●厚生制度に参加する場合 健康診断、福利厚生としての運動会等
	●職員団体の専従者として任命権者に認められた場合
	●人事委員会の定める場合 感染症予防法による隔離等 非常災害による交通遮断 交通機関の事故等不可抗力の原因による場合 選挙権その他公民としての権利を行使する場合、等

下村哲夫『教育法規便覧』（1976年）をもとに筆者作成

後にとって事実上早退することを申し出たとしよう。休憩時間は勤務時間内に職員が職務に専念できるために適度な休養を与えるものであるから、勤務時間の最後に休憩時間を設定することはできない。では、忙しい教員はいつ休憩をとることができるかという問題が生じる。

働き方改革について議論した中教審は2019年の答申「新しい時代の教育に向けた持続可能な学校指導・運営体制の構築のための学校における働き方改革に関する総合的な方策について」において「給食の時間も指導を行い、児童の休み時間も児童と一緒に活動し、児童の安全への配慮等を行っていることが多いことから、休憩時間が確保できず、連続勤務になっている」と問題を指摘し、「教職員が適正な時間に休憩時間を確保できるようにすることを含め、教職員の勤務時間を考慮した時間設定を行う必要がある」と提言している。

43 勤務時間と休暇・休業の取得

教員の勤務時間

教育公務員の勤務時間は、任命権者である都道府県や政令指定都市教育委員会が条例等で定めるものであるが、労働基準法の適用を受けている。

労働基準法は「使用者は、労働時間が六時間を超える場合においては少くとも四十五分、八時間を超える場合においては少くとも一時間の休憩時間を労働時間の途中に与えなければならない」と規定している。いわゆる昼休みがこれに該当するが、教員の場合、学校給食の指導等で適切な休憩時間を確保することが困難である場合が多い。昼休みの時間を含む数時間の間に45分の休憩をとるように規定している自治体や放課後に設定している自治体などがあるが、それらの時間帯にも勤務が入る可能性は高い。

加えて、教員の場合は正規の勤務時間を超えて勤務が求められる場面が多い。「公立の義務教育諸学校等の教育職員を正規の勤務時間を超えて勤務させる場合等の基準を定める政令」では、①校外実習その他生徒の実習に関する業務、②修学旅行その他学校の行事に関する業務、③職員会議に関する業務、④非常災害の場合などやむを得ない場合に必要な業務、の4つを定めている。

教員が休日に勤務することが命じられた場合は、土曜日および日曜日以外の勤務日を週休日に振り替えを行うことができるように、任命権者の条例や規則で定められている。

促進される働き方改革

しかしながら実際にはこれら以外に多様な教員の時間外勤務が行われている。そこで、「校務として行われている業務については、時間外勤務を命じられて行うものでないとしても学校教育活動に関する業務であることに変わりはなく、こうした業務を行う時間も含めて時間を管理することが学校における働き方改革を進める上で必要不可欠」であるとし、２０２０年に「公立学校の教育職員の業務量の適切な管理その他教育職員の服務を監督する教育委員会が教育職員の健康及び福祉の確保を図るために講ずべき措置に関する指針」を示した。指針においては、公立学校の教職員において勤務時間の上限を定め管理するなど、労働安全衛生管理体制の徹底が訴えられている。

さらに「公立の義務教育諸学校等の教育職員の給与等に関する特別措置法」が改正され、２０２１年から自治体の条例によって、一年単位の変形労働時間制が公立学校の教職員にも適用可能となった。

休暇・休業の種類と内容

休暇には、労働基準法上与えられる年次休暇のほか、条例の定めるところによる病気休暇や特別休暇などがある。年次休暇について労働基準法は「勤務年数に応じて1年につき10日から20日の範囲で与えられる」とあり、多くの任命

■公立学校における働き方改革の推進

学校における働き方改革の実現に向け、着実に施策を展開

☑上限ガイドライン
（月45時間、年360時間等）
➡ガイドラインを「指針」に格上げし、在校等時間の縮減の実効性を強化
法改正

☑学校・教師の業務の適正化
◆何が教師の仕事かについての社会における共有（大臣メッセージ、プロモーション動画等）
◆部活動ガイドライン、学校給食費徴収・管理ガイドライン、留守番電話の設置
◆校長の勤務時間管理の職務と責任の共有（文部科学省『やさしい！勤務時間管理講座』動画）
◆労働安全衛生管理の徹底

☑学校における条件整備
◆教職員定数の改善
◆部活動指導員、スクール・サポート・スタッフなど専門スタッフ・外部人材の活用

☑休日の「まとめ取り」の推進
◆学校における働き方改革の推進に向けた夏季等の長期休業期間における学校の業務の適正化について（令和元年6月28日付け通知）
➡地方公共団体の判断により、休日の「まとめ取り」導入ができるよう、一年単位の変形労働時間制の適用を可能に（選択的導入）
法改正

●勤務条件条例主義（ただし、地方公務員法第55条第1項の職員団体による交渉や同条第9項の協定の対象事項）
●一年単位の変形労働時間制導入に伴う労働法制上の枠組み（連続労働日数は原則6日以内、労働時間の上限は1日10時間・1週間52時間、労働日数の上限は年間280日、時間外労働の上限は1箇月42時間・年間320時間等）
●すべての教師に対して画一的に導入するのではなく、個々の事情を踏まえて適用
●「指針」や部活動ガイドラインの遵守、インターバルの導入など、勤務時間を延長しても在校等時間が増加しない仕組み
●長期休業期間中の業務量の縮減促進

☑改革サイクルの確立
●改革の取り組み状況を市町村ごとに把握し公表、効果的な事例の横展開

※文部科学省「学校における働き方改革推進本部」第3回資料（2020. 1）をもとに筆者作成

権者は20日と規定している。この休暇は労働者の請求する時季に与えなければならないが、管理職の判断により「事業の正常な運営が妨げられる場合には」時季を変更するよう求めることができる。

休業には、大学院修学休業（教育公務員特例法）と育児休業（育児休業、介護休業等育児又は家族介護を行う労働者の福祉に関する法律）のほか、自己啓発等休業、配偶者同行休業（地方公務員法）がある。

大学院修学休業とは公立学校の教員が「任命権者の許可を受けて、三年を超えない範囲内で年を単位として定める期間」大学院へ在学し、その課程を履修するための休業をすることができる制度である。教育公務員特例法には「任命権者の定めるところにより、現職のままで、長期にわたる研修を受けることができる」という規定があるが、こちらは任命権者が命じて教育センター等で長期研修員となることを想定している。

44 労働基本権と職員団体

教育公務員の労働基本権

労働基本権とは憲法の規定する団結権、団体交渉権、争議権のことである。団結権とは労働組合や職員団体を結成する権利のこと、団体交渉権とは労働者が使用者とその労働条件について交渉し、協約を締結すること、争議権とは労働条件改善のために仕事をしないで団体で抗議する権利、いわゆるストライキの権利である。

教育公務員を含む地方公務員は「すべて職員は、全体の奉仕者として公共の利益のために勤務し、且つ、職務の遂行に当つては、全力を挙げてこれに専念しなければならない」ため、団結権は認められるものの、団体交渉権のうち、当局と交渉することは認められているが協約を結ぶことはできず、争議行為は認められていない。

職員団体の有する権利

労働組合法は「労働者が使用者との交渉において対等の立場に立つことを促進することにより労働者の地位を向上させること、労働者がその労働条件について交渉するために自ら代表者を選出することその他の団体行動を行うために自主的に労働組合を組織し、団結すること」を認めている。

地方公務員は労働組合法の適用を受けず、地方公務員法に「職員がその勤務条件の維持改善を図ることを目的として組織する団体又はその連合体」として職員団体を結成することが認められている。

教職員の職員団体は人事委員会に登録することとなっている。任命権者が登録を受けた職員団体から「職員の給与、勤務時間その他の勤務条件に関し、及びこれに附帯して、社交的又は厚生的活動を含む適法な活動に係る事項に関し、適法な交渉の申入れがあつた場合においては、その申入れに応ずべき」であり、ただし「地方公共団体の事務の管理及び運営に関する事項は、交渉の対象とすることができない」と規定されている。

地方公務員法上、職員団体の交渉は、「職員団体と地方公共団体の当局があらかじめ取り決めた員数の範囲内で、職員団体がその役員の中から指名する者と地方公共団体の当局の指名する者との間において行なわなければならない。交渉に当たつては、職員団体と地方公共団体の当局との間において、議題、時間、場所その他必要な事項をあらかじめ取り決めて行なうものとする」と規定されている。当局とは一般的には任命権者の教育委員会であるが、教育委員会が定める学校管理規則で校長の権限とされている事項については、校長も当局になり得る（いわゆる分会交渉である）。

地方公務員法は交渉を打ち切るための要件も示している。交渉にあたる者として指名されていた者以外の者が出席したとき、職員団体の指名した役員以外の者が適法な委任を受けたことを証明できないとき、予備交渉の取り決めに反するようなことになったとき、他の職員の職務の遂行を妨げること

教育公務員における労働三権

	団結権	団体交渉権	争議権
勤労者	有 労働者が使用者との交渉において対等の立場に立つことを促進することにより労働者の地位を向上させること、労働者がその労働条件について交渉するために自ら代表者を選出することその他の団体行動を行うために自主的に労働組合を組織し、団結することを擁護する（労働組合法第１条）	有 勤労者の団結する権利及び団体交渉その他の団体行動をする権利は、これを保障する（日本国憲法第 28 条） 労働組合の代表者又は労働組合の委任を受けた者は、労働組合又は組合員のために使用者又はその団体と労働協約の締結その他の事項に関して交渉する権限を有する（労働組合法第６条）	有 勤労者の団結する権利及び団体交渉その他の団体行動をする権利は、これを保障する（日本国憲法第 28 条） 使用者は、同盟罷業その他の争議行為であつて正当なものによつて損害を受けたことの故をもつて、労働組合又はその組合員に対し賠償を請求することができない（労働組合法第８条）
教育公務員	有 「職員団体」とは、職員がその勤務条件の維持改善を図ることを目的として組織する団体又はその連合体をいう（地方公務員法第 52 条） 職員は、職員団体を結成し、若しくは結成せず、又はこれに加入し、若しくは加入しないことができる（地方公務員法第 52 条３項）	一部有 地方公共団体の当局は、登録を受けた職員団体から、職員の給与、勤務時間その他の勤務条件に関し、及びこれに附帯して、社交的又は厚生的活動を含む適法な活動に係る事項に関し、適法な交渉の申入れがあつた場合においては、その申入れに応ずべき地位に立つものとする（地方公務員法第 55 条）	無 職員は、地方公共団体の機関が代表する使用者としての住民に対して同盟罷業、怠業その他の争議行為をし、又は地方公共団体の機関の活動能率を低下させる怠業的行為をしてはならない（地方公務員法第 37 条）

になったとき、地方公共団体の事務の正常な運営を阻害することになったとき、「これを打ち切ることができる」と規定している。「職員団体は、法令、条例、地方公共団体の規則及び地方公共団体の機関の定める規程にてい触しない限りにおいて、当該地方公共団体の当局と書面による協定を結ぶことができる」と規定されているが、労働組合法が規定する協約に法的拘束力が認められているのに対し、地方公務員法の協定には法的拘束力はないとされる。ただし「協定は、当該地方公共団体の当局及び職員団体の双方において、誠意と責任をもって履行しなければならない」と規定されている。

教職員の職員団体は日本教職員組合、全日本教職員組合、日本高等学校教職員組合、全日本教職員連盟、全国教育管理職員団体協議会などがあり、それらの加入率は２０２０年に31％であり、新規採用教職員の組合加入率は24％となっている。

編著者および執筆担当項目

田中 博之（早稲田大学教職大学院教授）

最新情報／図解・図説 25

執筆者および執筆担当項目　＊五十音順

阿内 春生（横浜市立大学国際教養学部准教授）	図解・図説 1、2、10、11
今井 弘樹（滋賀大学教職大学院教授）	特別企画 13 ／図解・図説 9、22、41
植田 啓嗣（福島大学人間発達文化学類准教授）	特別企画 3、17 ／図解・図説 34
江口 和美（敬和学園大学人文学部准教授）	図解・図説 18、38
蛯谷 みさ（大阪体育大学教育学部教授）	図解・図説 13、15、24
遠藤 真司（早稲田大学教職大学院客員教授）	図解・図説 12、29、31、32、37
大野 裕己（滋賀大学教育学系教授）	図解・図説 7、14、16
小川 正人（東京大学名誉教授、放送大学名誉教授）	特別企画 1、12、15
小野 まどか（植草学園大学発達教育学部講師）	図解・図説 19 ～ 21
春日井 敏之（立命館大学大学院教職研究科教授）	特別企画 4、5、8、9
栗原 真孝（鹿児島純心大学人間教育学部准教授）	特別企画 6、7 ／図解・図説 27、28
坂田 仰（日本女子大学教職教育開発センター教授）	特別企画 10 ／図解・図説 33、40
佐藤 和紀（信州大学教育学部准教授）	特別企画 2 ／図解・図説 23
髙橋 あつ子（早稲田大学教職大学院教授）	特別企画 11、16 ／図解・図説 17、30
千々布 敏弥（国立教育政策研究所総括研究官）	特別企画 14 ／図解・図説 39、42 ～ 44
鶴田 利郎（国際医療福祉大学小田原保健医療学部専任講師）	図解・図説 26、35、36
藤原 寿幸（横浜国立大学教職大学院准教授）	図解・図説 3 ～ 6、8

【表紙デザイン】ad-lab
【本文デザイン・DTP】東光美術印刷
【編集協力】カラビナ

図解でマスター！　実践教育法規 2023 年度版

2023 年 6 月 20 日 初版第 1 刷発行

編集人　小笠原　喜一
発行人　杉　本　　隆
発行所　株式会社 小学館
〒101－8001
東京都千代田区一ツ橋 2－3－1

印刷所・製本所　大日本印刷株式会社

電話〈編集〉03 － 3230 － 5548
〈販売〉03 － 5281 － 3555

ISBN978-4-09-840229-8　Printed in Japan

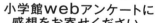